中国传统文化传播策略研究

徐鑫鑫　周丽梅　范银红 ◎ 著

吉林出版集团股份有限公司

版权所有　侵权必究

图书在版编目（CIP）数据

中国传统文化传播策略研究 / 徐鑫鑫，周丽梅，范银红著. -- 长春：吉林出版集团股份有限公司，2024.6. -- ISBN 978-7-5731-5572-6

Ⅰ．G125

中国国家版本馆 CIP 数据核字第 2024K57Q03 号

中国传统文化传播策略研究

ZHONGGUO CHUANTONG WENHUA CHUANBO CELÜE YANJIU

著　　者	徐鑫鑫　周丽梅　范银红
出版策划	崔文辉
责任编辑	李金默
封面设计	文　一
出　　版	吉林出版集团股份有限公司
	（长春市福祉大路 5788 号，邮政编码：130118）
发　　行	吉林出版集团译文图书经营有限公司
	（http://shop34896900.taobao.com）
电　　话	总编办：0431-81629909　营销部：0431-81629880/81629900
印　　刷	吉林省六一文化传媒有限责任公司
开　　本	710mm×1000mm　　1/16
字　　数	210 千字
印　　张	13
版　　次	2024 年 6 月第 1 版
印　　次	2024 年 6 月第 1 次印刷
书　　号	ISBN 978-7-5731-5572-6
定　　价	78.00 元

如发现印装质量问题，影响阅读，请与印刷厂联系调换。电话：18686657256

前　言

在全球化的时代背景下，国际的政治、经济交流日益频繁，文化间的碰撞与融合也越发明显。中国传统文化，作为中华民族五千年文明史的积淀，蕴含着丰富的哲学思想、道德规范、艺术形式和生活智慧，是世界了解中国的根本途径。然而，当前中国传统文化的对外传播面临着一系列挑战与困境。因此，深入研究中国传统文化的传播策略，对于提升国家文化软实力、增进国际社会对中国的理解和认同具有重要意义。

在全球化的浪潮中，各国文化相互交织、碰撞，形成了激烈的文化竞争。中国传统文化作为中华民族的精神瑰宝，必须在国际舞台上展示其独特魅力，以增强国家文化软实力。中国传统文化的传播策略研究是一项具有重要意义的课题。本书旨在深入探究中国传统文化的传播策略，为提升国家文化软实力、增进国际社会对中国的理解和认同提供理论支持和实践指导。

本书在编写过程中参考借鉴了一些专家学者的研究成果，在此特向他们表示感谢。由于编写时间仓促，编写水平有限，不足之处在所难免，恳请专家和广大读者提出宝贵意见，予以批评指正，以便改进。

目　录

第一章　中国传统文化综述 ······ 1
第一节　中国传统文化基本概述 ······ 1
第二节　中国传统文化的类型 ······ 14
第三节　中国传统文化的内容 ······ 19
第四节　中国传统文化的特征 ······ 32
第五节　中国传统文化基本精神的功能 ······ 35

第二章　中国传统文化发展历程 ······ 43
第一节　孕育与形成：先秦 ······ 43
第二节　统一与变异：秦汉魏晋 ······ 54
第三节　转型与融会：隋唐宋元 ······ 61
第四节　专制与启蒙：明清 ······ 74

第三章　中国传统文化传播的重要意义和途径 ······ 78
第一节　中国传统文化的现状 ······ 78
第二节　中国传统文化与文化软实力 ······ 88
第三节　文化传播的基本概念 ······ 92
第四节　中国传统文化传播遇到的问题 ······ 94
第五节　传统文化传播的机遇与创新 ······ 96
第六节　中国传统文化传承传播的途径 ······ 100

第四章　中国文化传播的策略 109
第一节　传媒策略 109
第二节　影视作品的文化传播策略 116
第三节　新媒体时代中国文化传播的思路 132

第五章　新媒体时代文化传播的发展与建设 138
第一节　文化传播在新媒体时代的发展 138
第二节　新媒体时代对中国传统文化的影响 143
第三节　新媒体对中国传统文化传播的影响 150
第四节　新媒体文化传播能力建设 155

第六章　中国传统文化传播新模式——以中国传统戏曲文化为例 160
第一节　深入挖掘中国戏曲文化内涵 160
第二节　积极培养创新人才 170
第三节　拓展戏曲传播方式与媒介 187

参考文献 200

第一章 中国传统文化综述

中国传统文化博大精深，源远流长，在世界四大古代文明摇篮里孕育的文化体系中，中国文化是唯一尚存的文化体系，是唯一生生不息地延续下来、没有出现过断层的古典文化。在几千年岁月里，勤劳聪慧的祖先以其非凡的创造力，给我们留下了极为丰硕的文化遗产。它不仅对中华民族的社会发展产生了巨大而深刻的影响，而且对世界文化的发展也起到了重大推动作用。了解与传承中国传统文化，对我们自身的成长和素质的提高具有重要意义。

第一节 中国传统文化基本概述

一、"文化"概述

每个中国人都可以随口说出诸多中国文化的象征物，大到长城、兵马俑、故宫、颐和园，小到苏扇、玉佩，具体到日常生活的各个方面。文化是人类社会特有的现象，是一个有机的系统。我们每个人都处在这个系统之中，谁也离不开文化。文化是人类实践活动的产物，反过来又制约着人类的行为。人类生存、发展的过程，也是选择文化、创造文化的过程。

"文化"是我们日常生活中使用频率最高的词语之一，含义比较宽泛。在中国古代语言系统中很早就出现了"文化"一词。

在甲骨文中，"文"字如同一个人，正面站着，这个人的胸口有一个交错的图案，图案较简单，可能是文身，也可能是衣服上的花纹，这是"文"的初义。文是外在美好的东西，而它的美好也代表某种内在的东西，且和内在的东西一致。"文"的本义，指各色交错的纹理。《易·系辞下》记载："物相杂，故曰文。"《礼记·乐记》称："五色成文而不乱。"《说文解字》称："文，错画也，象交文。"均指此义。

"化"，本义为改易、生成、造化、改变。"文"与"化"并联使用，最早出自《易·贲卦·象传》："观乎天文以察时变，观乎人文以化成天下。""人文"当指人类社会关系的构成及其规律，包括文明礼仪、人伦道德。而"人文"与"化成天下"相结合，实际已具备了"以文教化"的"文化"一词的基本内涵。唐代孔颖达在《五经正义》一书中解释道："观乎人文以化成天下者，言圣人观察人文，则诗书礼乐之谓，当法此教而化成天下也。""文""化"的意思是指以"人文"来"教化"。汉代以后"文"与"化"方结合生成"文化"整词。刘向在《说苑·指武》中说："圣人之治天下也，先文德而后武力。凡武之兴，为不服也，文化不改，然后加诛。"南齐王融《曲水诗序》中云："设神理以景俗，敷文化以柔远。"文化的意义是以体现伦理道德、政治秩序的诗书礼乐教化世人，与"武力""武功""野蛮"相对应，说明此词包含有一种正面的理想主义色彩，既有政治内容，又有伦理意义。可见中国古代的"文化"乃主谓结构，属于狭义的文化范畴。作为一种治理社会的方法和主张，它既与武力征服相对立，又与之相联系，相辅相成，所谓"先礼后兵""文治武功"。这种政治主张构成的古代的"文治主义"对中国古代政治文化影响深远。

对"文化"一词的定义，最早出现在英国人泰勒1865年所著的《文明的早期历史与发展之研究》，六年后他在著名的《原始文化》一书中对其做了系统的阐释，从此被学界所沿用而流传下来。他写道："文化或文明，就其广泛的民族学意义来说，乃是包括知识、信仰、艺术、道德、法律、习俗和任何人作为一名社会成员而获得的能力和习惯在内的复杂整体。"在他看来，文化是一个综合体，不仅包括知识、信仰等精神生活现象，还应该包括人们从社会生活中获得的能力和习惯等等。这个关于文化的基础性定义提出后，对学术界产生过重大影响，至今仍受到人们的重视，被许多论著所引述。

文化通常有广义和狭义之分。广义文化指人类在社会历史实践过程中对物质财富和精神财富的创造活动、创造方式和创造成果的总和。也就是说，人的物质生产和精神生产，包括生产活动过程和生产的方式方法，由这些生产创造出来的物质产品、精神产品和社会关系的诸多形式，都是文化，都属于文化范畴。这样的文化，涉及人类社会生活从生产力到生产关系，从经济基础到上层建筑和意识形态的各个领域。广义的文化几乎囊括人类的整个社会生活，是与自然现象不同的人类社会活动的全部成果。这可以用黑格尔的名言"文化是人类创造的第二自然"来说明。狭义的文化，指意识形态、精神文化以及与之相适应的制度和组织结构。具体地说，狭义的文化主要包括政治思想、伦理道德、哲学观念、文学艺术、宗教崇拜等社会意识的各种形式，以及相应的政治法律制度、仪式活动、生活习惯和人们的理想追求、情感意志、道德信仰等等。

概括来讲，文化是一个社会历史范畴，是人类社会特有的现象，是以人的活动方式以及由人的实践活动而创造出的物质产品和精神产品为其内容的系统，是人类社会历史发展的一个重要标志。文化的主体是人，客体是客观世界。所谓"文化"不是不受人影响而自然形成的自然物，而是人在社会实践过程中认识世界、改造世界所创造的一切成果的总和。

二、文化的结构

笼统地说，文化是一种社会现象，是人们长期创造形成的产物，同时又是一种历史现象，是社会历史的积淀物。确切地说，文化是指一个国家或民族的历史、地理、风土人情、传统习俗、生活方式、文学艺术、行为规范、思维方式、价值观念等。

文化是一个复杂的总体，可以理解为一个具有不同层面并且各层面间具有互动作用的一个完整的系统。如美国学者克罗伯·克拉克洪所概括的："文化是包括各种外显或内显的行为模式；它通过符号的运用使人们习得及传授，并构成人类群体的显著成就，包括体现于人工制品中的成就；文化的核心包括由历史衍生及选择而成的传统观念，尤其是其价值观念；文化体系虽可被认为是人类活动的产物，但也可被视为限制人类作进一步活动的因素。"

文化的内部结构包括下列三个层次：物质文化、制度文化、精神文化。

（一）物质文化

物质文化又称物态文化，是人类所从事的物质生产活动及其结果的总和，是构成整个文化的基础，是文化中最活跃的因素。物质文化以满足人类自身生存发展所必需的衣、食、住、行等各种条件为目标，直接反映人与自然的关系，反映人类对自然的认识、利用和改造的程度和结果，包括可触知的具有物质实体的文化事物。人类在漫长的发展过程中，一直在利用周围的自然环境来为自己的生存服务，并逐渐丰富和改变着自身的物质文化。为了维持生存，原始人使用粗糙简陋的石器获取食物，穿的是树叶和兽皮，住的是山洞或窝棚，行走靠徒步。进入奴隶社会和封建社会以后，随着劳动工具和工艺技术的不断发展进步，人类的物质文化随之不断发生变化，穿着逐渐美丽讲究，以至形成了内容丰富的服饰文化；食物逐渐丰富多样，以至形成了风格各异的饮食文化；居住逐渐舒适美观，以至形成了绚丽多彩的建筑文化；行走逐渐快捷方便，以至形成了匠心独运的车船文化。这些都是以物质生产的发展和物质文化的创造为必要前提的。

物质文化中不仅积淀着制度文化的因素，同时也凝聚着精神文化的内涵。在传统农业宗法社会里，人们根据不同的年龄、职业、辈分等，对个人的衣食住行作了明确规定。单就服饰而言，封建时代不同品级的官员在服饰的颜色、形制、质地、图案等方面都有显著的差别，品官等级不同，其品服的颜色、形制、质地也不同，以示尊卑。《唐会要·章服品第》载：唐朝官员"三品以上服紫，四品、五品以上服绯（大红），六品、七品以绿，八品、九品以青。妇人从夫之色"。

（二）制度文化

制度文化是人类在社会实践过程中所建立的各种行为规范、准则的总和，包括婚姻、家庭、政治、经济、宗教等制度。人的物质生产活动是一种社会的活动，只有结成一定的社会关系才能进行。人类创造物质财富的同时，又创造了一个属于他们自己、服务于他们自己同时又约束他们自己的社会环境，创造出一系列处理人与人相互关系的准则，并将它们规范化为社会经济制度、婚姻制度、家族制度、政治法律制度，家族、民族、国家、经济、政治、宗教社团、教育、科技、艺术组织等。

制度文化是文化系统中最具权威的因素，它往往规定着文化的整体性质。制度文化建立在物质文化的基础上，具有鲜明的时代性，同时又带有精神文化的深刻烙印。在中国古代封建社会里，知识分子一般以"修身、齐家、治国、平天下"为理想的人生轨迹，以"穷则独善其身，达则兼济天下"（《孟子·尽心上》）为行为准则，而普通百姓除了希望皇帝圣明、官吏清廉、天下太平、风调雨顺以外，对政治的态度历来比较冷漠，体现出的是一种臣民型的封建主义政治文化。

（三）精神文化

精神文化又称心态文化，是人类在长期的社会实践和意识活动中孕育升华出来的价值观念、道德情操、审美情趣、思维方式、宗教感情、民族性格等的总和，是文化整体的核心部分。精神文化同样具有较强的时代特征和民族特征。就文学艺术而言，人们在特定时代的愿望、要求、情趣必然通过当时的作品表现出来。

综上所述，物质文化、制度文化、精神文化虽属文化构成的不同层次，但同是一个有机的整体，相互间既有区别又有联系，相互依存、相互渗透、相互制约、相互推动。

三、文化的特征

文化是人类群体创造并共同享有的物质实体、价值观念、意义体系和行为方式，是人类群体的整个生活状态。文化的内隐部分为价值观和意义系统，其外显形态为各种符号，这些符号主要体现为物质实体和行为方式。

从普遍联系的角度看，世界上任何民族文化，都有特定的精神价值，都有一定的时代意义，都有对人类文明发展的特殊贡献。从文化的有机性来看，世界上不同民族的文化共同构成人类文化不可分割的整体，任何民族文化都不可能脱离人类文明发展的康庄大道。从一般意义上说，文化至少具有以下五个特征。

（一）时代性

文化是人的创造物，对于特定时间和空间的人而言，文化则是主要体现为既有的生存和发展框架。"每一民族的文化世界，都是一个不断延续、不断发展的存在系统，这个永远处于演变状态的存在系统，有它的过去、现在和将来。"人类文化是特定社会和特定时代的产物，是一个历史概念，不同的社会发展阶段必然有不同的时代文化。因此，文化的第一特征是时代性。

每一代人都生活在一个特定的历史文化环境下，他们很自然地从上一代那里继承传统文化，并根据时代需要对其进行传承和改造，以使其适应新的时代需要。从这个意义上讲，文化的时代性包含两方面的内容：传承和变异。正是通过世代承传积累，人类文化才会日益丰富起来。正是通过不断变异更新，人类文化才会不断进步。从石器时代、青铜器时代、铁器时代、蒸汽机时代到现在的信息时代，都是生产力发展水平和文化变异的结果。

文化的发展既有历史的连续性和稳定性，又有时代的变动性和现实性。任何民族的文化，就其内容而言，都是现实的时代精神的体现，都是前后相继的历史精神的延续。离开特定的时代，离开特定的社会实践条件，文化就会成为虚无缥缈的空中楼阁，成为不切实际的空谈。文化的发展正是从特定的时代精神中汲取养料，从一定历史阶段丰富多彩的现实生活中提取必要的材料，才构成一定时代的文化内容和文化特质。

（二）地域性

文化随着人类的群体范围划分的不同而体现出差异。人类活动必须借助一定的空间条件才能进行，不同地域的自然条件、历史传统和人的思维方式各不相同，自然就会产生不同的文化。因此，文化的第二特征是地域性。

（三）民族性

不同民族的文化具有不同的特色，反映不同民族的个性。一个民族的文化又决定着这一民族不同于其他民族的特殊的规定性。文化可以理解为每一个民族独一无二的特征以及思维和组织生活的方式。当不同的社会集团分化整合为社会集团的时候，反映这种以社会集团利益为活动目的的社会文化，便自然地带有民族文化的特征。特定民族所恪守的共同语言、风俗、习惯、性格、心理及利益，是民族文化的突出表现。文化的民族性能够反映特定民族的民族精神。民族精神是一个民族发展的内在凝聚力和推动力的集中显现，是不同民族文化的风格、气质相互区别的重要依据。文化的民族性反映出特定民族的价值追求、理想情操，是该民族精神力量和国民品性的体现。因此，透过文化的民族性，我们可以审视进而把握特定民族的民族精神。反之，通过对特定民族的民族精神的解析，我们可以理解该民族文化的民族性。

（四）超自然性

文化，必须是人化，有人的活动痕迹，是与"自然"相对而言的概念。纯粹的自然物和自然现象不属于文化，把自然加工改造成为物质或精神产品，打上人类心智的印记，才是文化。文化即"人化"——依照人的价值、按人的理想改变世界和人本身，使之美、善、益、雅、自由、崇高。文化意味着让人的生存状态更自由，意味着让人的生存状态更完美和完善。日月星辰、风云雷电、山川河流、动物植物等本来不属于文化范畴，但面对日月星辰的运转，风云雷电的变幻，人们一方面感到惊恐惶惑，另一方面又激起了控制它们的愿望，于是在想象中把它们人格化，创造出有关日月星辰、风云雷电的神话，这就是文化了；山川河流、花草树木等本来也不属于文化，但人们在一些高山峻岭上刻字作画，建寺造观，编出一些流传千古的神话故事，也就是文化了。文化意味着人创造人工的器物，文化意味着人自身的"人化"。人创造语言、神话、宗教、艺术、科学等符号系统，使人生活在符号的意义世界中；人创造人特有的精神世界，极大地拓展了"人"的理念。

四、文化与文明

（一）文明概说

"文明"是与"文化"含义相近的古典词。"文明"之"文"，指文采、文英、文华；"明"指开明、明智、昌明、光明。联合而成的"文明"，其意为：从人类的物质生产（尤其是对火的利用）引申到精神的光明普照大地，唐人孔颖达疏解《尚书·舜典》"睿哲文明"说："经天纬地曰文，照临四方曰明"；孔颖达疏解《易·乾·文言》"见龙在田，天下文明"说："天下文明者阳气在田，始生万物，故天有文章而光明也。"便揭示此种意蕴。中国古典文献也有将"文明"视作进步状态，与"野蛮"对应，如李渔《闲情偶寄》称"辟草昧而致文明"即为此例。

以"文明"对译"Civilization"，始于19世纪德国基督教传教士郭士立编的中文期刊《东西洋考每月统记传》，虽然该刊出现"文明"一词不下十处，但这一译词当时在中国影响不大。明治时期的日本学人在译介西洋术语时，注意了对文化与文明两词的区分：以"文化"译"Culture"，以"文明"译"Civilization"。而与"文明"对译的英文词"Civilization"源于"城市"，表示城镇社会生活的秩序和原则，是与"野蛮""不开化"相对应的概念。

自19世纪末学者多在与"野蛮""半开化"相对的意义上使用"文明"一词。如1896年梁启超在上海主笔的《时务报》上，便多次使用"文明之奇观""外国文明""文明大进""文明渐开""文明之利器"等语。

"文明"是人类社会的进步状态和理性社会体系。文明内涵具有广义、狭义之分。广义的"文明"含义是文化发展积极成果的总和，是良好的生活方式和精神风尚，表明物质文明、精神文明和政治文明达到较高的水平；狭义的文明是指与野蛮相对的理性的社会体系。人类整体守护着的文明是指广义的文明。

文明是具有内在结构的有机整体。从内容上看，人类文明发展的内在动力是主客体矛盾。主体在解决与自然客体、社会客体及人类客体的矛盾过程中，产生自然科学、社会科学和思维科学；在处理人与自然、社会的关系中创造物质文明、政治文明和精神文明。从空间上看，分布在不同区域的人类群体，文化内容和生活方式不同，从而产生不同文明类型。从发展过程看，人类走出蒙昧和野蛮状态的"自在期"后，进入以农耕文明和工业文明为标志的"自为期"，随着信息文明的发展尤其是阶级社会的终结必将步入"自由期"。

其中的物质文明是人类改造自然界的物质成果，它表现为人类物质生产的进步和物质生活的改善。政治文明是指人类社会政治生活的进步状态，是人类在政治实践活动中形成的文明成果，包括政治思想、政治文化、政治传统、政治结构、政治活动和政治制度等方面的有益成果。政治文明的核心内容是民主发展的积极成果。精神文明是指人类在改造自然和社会过程中所取得的精神成果的总和，体现了人类精神生产和精神生活的发展水平。

（二）文明与文化

关于文化与文明二者之间的关系，不少学者曾做过较为精辟的论述。胡适说："第一，文明是一个民族应付他的环境的总成绩；第二，文化是一种文明所形成的生活的方式。""凡是一种文明的造成，必有两个因子：一是物质的，包括种种自然界的势力与质料；一是精神的，包括一个民族的聪明才智、感情和理想。凡文明都是人的心思智力运用自然界的质与力的作品；没有一种文明单是精神的，也没有一种文明单是物质的。"钱穆认为："大体文明文化，皆指人类群体生活而言。惟文明偏在外，属于物质方面；文化偏在内，属于精神方面。故文明可以向外传播，向外接受，文化则必由其群体内部精神积业而产生。……文化可以产生文明，文明却不一定能产出文化。"他们对文化与文明的界定与解释，或侧重于内在实质，或偏重外在表现，对我们正确理解文化与文明有着重要的启迪意义。

文化和文明是社会发展过程中一个问题的两个方面。

1. 从内容上看

文化是人类征服自然、社会及人类自身的活动、过程、成果等多方面内容的总和，而文明则主要是指文化成果中的精华部分。文化和文明都是人类现象，但二者所涵盖的历史内容又有差异："文化"的本质内涵是"自然的人化"，人通过有目的地劳作，将天造地设的自然加工为文化。而"文明"则是文化发展到较高阶段，或泛指对不开化的克服；或指超越蒙昧期（旧石器时代）和野蛮期（新石器时代）的历史阶段。进入"文明"阶段的标志有三：文字发明、金属工具发明与城市出现。

2. 从时间上看

文化存在于人类生存的始终，人类在文明社会之前便已产生原始文化，文明则是人类文化发展的一定阶段。

3. 从表现形态上看

文化是动态的、渐进的、不间断的发展过程，文明则是相对稳定的、静态的、跳跃式发展过程。文化偏重心灵或精神活动，文明偏重社会政治方面。

4. 文化是中性概念

文化是中性概念。人类征服自然和社会过程中化物、化人的活动、过程和结果是一种客观存在，其中既包括优秀成果，也有糟粕；既有有益于人类的内容，也有不益于人类的因素，但它们都是文化。

第二节　中国传统文化的类型

一、文化类型说

美国现代进化论者斯图尔德于1955年在《文化变异论》一书中对"文化类型"这一概念进行了界定与论述。他所谓的文化类型，是不同的民族文化适应环境而产生的各种文化特质相互整合的核心特征丛，不是全部的文化特质或文化元素的总和或集合，而是指那些有代表性的、具有因果联系的特征。这些特征都与文化结构相关，具有功能上和生态上的联系，代表着一个特殊的时间顺序和发展水平，彰显了各民族之间的本质差别。

随着文化学研究的深入，目前关于文化类型的讨论，主要有以下几种观点：

观点一，按地理环境区分文化类型。该观点认为，任何民族文化的产生、衍变、丰富、发展都是在特定的自然地理环境中发生的，在独特的社会政治、经济土壤里完成的。古代中国"负陆面海"，地域广阔，自古就形成了几种不同的文化类型——河谷型、草原型、山岳型和海洋型。

草原型文化具有流动性和外向性的特征；山岳型文化的封闭性和排他性的特征突出；海洋型文化的开放性和冒险性较强；河谷型文化具有内聚力和容纳性强的特征，是一种以农业为主体的混合型文化，有较大的伸缩性和较强的适宜性，有很强的容纳、吸收和同化其他文化的潜力。

观点二，按照生计方式和观念文化的内在联系进行分类，将文化分为农业文化、工商文化和游牧文化等。该观点认为中国文化孕育诞生在一个农业宗法社会的母体之中。大约在氏族社会后期，中国就进入了以农耕为主要生计方式的农业社会，农耕经济一直是中国古代社会经济的主干。长期以农耕为主要生计方式，对中华民族的社会心理和思维方式产生了极大影响。人们安土重迁，追求生活的稳定与安宁。中国古代不少统治者视农业为立国之本，认为商业和手工业是"困辱游业"，甚至认为"务末"则丧国。

观点三，审视中国文化的形成、发展历程，认为儒、道、墨、法、佛等诸家思想学说，构成了中国文化的主体内容和核心。儒家从汉代起取代了法家，备受推崇，以官方意识形态的身份起作用，处于显学地位；而法家、墨家等被统治者所抑制，如法家的"权、术、势"和墨家的"兼济天下"以各种隐蔽的方式起作用，而成为隐学。

此外，还有观点认为，依据不同的标准可将中国传统文化分为不同的类型。一种是中国传统文化的雅俗之分。中国传统文化中的雅文化，也可称为士大夫文化或精英文化；俗文化，也可称为通俗文化或大众文化。雅文化居于中国传统文化的主导地位。另一种是中国传统文化的山庙之分。中国传统文化中以道家思想为核心的山林文化，亦可称为隐逸文化；以儒家积极有为、自强不息的经世思想为核心，以入世为特征的庙堂文化，是中国传统文化中的结晶与精髓。

上述分类，是依据中国传统文化的特点以及特点的内在联系划分的。由于各特点相互联系、相互作用，以上划分的类型只是相对的。由以上可知，中国传统文化类型是指中华民族所创造的区别于其他民族而独具特色的文化形式，它表现为中华民族所具有的共同的价值观念、思维方式、心理状态和精神面貌等思想文化特征。

二、中国传统文化的伦理类型

中国传统文化的伦理类型突出。中国传统文化立足于人的生存，始终思考和阐述着人应如何做人，人应如何处世、处事，个人与群体与他人应建立、保持怎样的关系。所以，中国传统文化是一种充斥着积极入世情绪和人伦道德精神的文化。

就中国文化把人置于世界中心地位的"重人"特点而言，可被称为"人本主义"。这种"人本主义"是将人与自然、社会和谐共生的集体主义的自觉。所以，中国传统文化是一种以人伦道德为基础和主导的伦理型文化。

（一）中国传统文化的伦理类型与宗法制度的关系

中国传统文化的伦理型特征，是多种因素共同作用的结果。但是，可以肯定的是，这与中国古代社会宗法制度的影响密不可分。并且宗法制度下统一广泛的伦理道德要求，已经内化为人们普遍的社会心理和行为规范。

中国文化强调"百行孝为先"，"孝"是中华民族古已有之的美德。中华民族浓烈的"孝亲"情感，被宗法制度进一步强化、凸显，置于一切道德规范的核心地位。《孝经·开宗明义》即说："夫孝，始于事亲，中于事君，终于立身。"把忠君、敬长、尊上等都看作孝道的延伸，并把"尊高年，所以长其长；慈孤弱，所以幼吾幼"当作"孝"的推广。因此，"圣人"便可以"以孝治天下"了，这也正是宗法制度的内在逻辑。

（二）诸学派、学者对中国传统文化伦理类型的关注和认同

先秦时期，诸子百家的思想学说奠定了整个中国文化的基调，成为之后两千年中国文化的总纲领。尤其是儒家和道家的思想，构成了中国传统文化的两股主流，被奉为传统文化的源头，也最能彰显中国传统文化的特征。道家学说的代表人老子，从本体论的高度说明"万物莫不尊道而贵德"的道理。他认为，"重积德则无不克，无不克则莫知其极。莫知其极，可以有国。"儒家的代表人孔子，则把道德伦理与社会政治紧密结合。他认为，"政者，正也。子帅以正，孰敢不正？""苟正其身矣，于从政乎何有？不能正其身，如正人何？""其身正，不令而行；其身不正，虽令不从。"以上是对为政者的道德要求，而从治理国家人民的角度来说，孔子也主张以人伦道德为手段和目的。孔子认为，"道之以政，齐之以刑，民免而无耻；道之以德，齐之以礼，有耻且格。"在人与人的关系上，孔子主张"己欲立而立人，己欲达而达人"，"己所不欲，勿施于人"。

汉代董仲舒主张"罢黜百家，独尊儒术"，把儒家思想推上了统治中国两千年封建社会意识形态的巅峰，之后中国的思想文化和社会生活深深地打上伦理道德的烙印，以"三纲五常"为核心的儒家伦理成为不可动摇的礼教。

墨家和法家的思想也不同程度地带有伦理色彩。墨子"兼相爱，交相利"的社会理想，体现了他对"相爱相亲"伦理关系的渴望。法家的管子倡导"四

维七体"的道德规范,"四维"即"礼、义、廉、耻","七体"即"孝悌慈惠,恭敬忠信,中正比宜,整齐撙诎,纤啬省用,敦懞纯固,和协辑睦",体现了法家对人伦道德的密切关注与重视。

北宋的张载认为,"乾称父,坤称母;予兹藐焉,乃混然中处。故天地之塞,吾其体;天地之帅,吾其性。民,吾同胞,物,吾与也。"不难看出,张载把人伦道德观念贯彻于天地万物之中,使宇宙万物的存在与发展都蒙上了伦理道德的色彩。

朱熹认为,"圣人千言万语,只是教人存天理,灭人欲。""天理",即指封建的伦理道德。梁启超说:"儒家舍人生哲学外无学问,舍人格主义外无人生哲学。"

(三)中国传统文化伦理类型的优点

以伦理道德为内核的中国传统文化之所以源远流长,是因为它具有的永恒价值。中国传统文化的道德伦理观念激发了人的自觉。一是人作为"类"的自觉。"人之所以异于禽兽者几希。"也就是说,人类有伦理,将人与禽兽区别开来。人处在这个世界上,都有各自的义务与责任,应该践履伦理道德。二是人作为个体的自觉。"人皆可以为尧舜",即是说,每个人都可以通过道德觉醒和道德磨炼而完善自身,达到最高的生命境界。由道德觉醒而产生的对他人、民族、国家,以至万事万物真诚的义务责任感,就是中国传统文化思想陶冶出的圣洁心灵和理想人格,就是被悠久的历史一代代传承着的中华民族特有的道德观念和生活情理,就是中华民族的根本信念、良心和善。

第三节 中国传统文化的内容

一、传统的含义与特征

我们人类生活在现实世界中，传统就像空气一样充斥在我们四周，影响和塑造着我们每个人的生活。在时间的进程中，文化以一个统一体存在于我们人类的意识中，就是在于它是以"传统"的形态出现的。传统是一个民族的文化遗产，它是整个民族所有人们过去创造的各种精神、思想、价值观念、行为规范等，是本民族在长期的历史实践中、在改造世界的过程中不断累积凝练而成的稳固元素，它是一种历经持久延传、反复出现的东西。它使得民族内部代与代之间、每个历史阶段之间保持着连续性与同一性，将他们连接在社会的根本结构之中，也铸就了一个社会自我更新自我发展的密码，并为人类的生存与发展带来了秩序和意义。简而言之，传统就是"世代相传的东西，任何从过去延传至今的东西"。我们每一代人现在进行的文化创造活动都不可能空手起家，不可能在零的基础上起步，今天我们进行的每一项文化创造活动，所产生的新思想、新观点、新方法和新境界、新成果都受到过去既存文化心理的影响，对过去文化选择和依存的程度直接影响到今天文化创造的效果。因此，人类对自身整个民族社会文化的积累，构成了我们思想文化不断进步的背景环境，人在现实生活中精神与内心的需求与过去传统的某种精神与思想相契合，使得传统在现代的价值日益凸显。"传统是必需的，而且总是应该坚持，因为它们给予生活连续性并形成生活。"

从最简单的意义上来理解，传统是一种历史的重复与持续，它具有以下几个明显特征：

（一）延续性

传统体现出了民族、文化的凝聚力和延续性。在文化时间和空间的坐标系中，传统是流动的，它在人类基因上打上烙印，伴随人类的一生，一代又一代传递下去。希尔斯认为一种文化或者习惯要成为传统至少要经过"三代人的两次延传"，因此时间的连续性是传统的显著特征，传统能够以一种特殊的形式延续很长时间，它体现了历史不断重复的惯性运动。例如，儒家文化历经先秦儒学、汉唐经学、宋明理学、清初朴学、近代新经学和现代新儒学，延续了两千多年，对于中国的政治、经济和社会产生了巨大影响，并将延续至未来。所以"传统是流动于过去、现在、未来这整个时间中的一个过程，而不是在过去就已经凝结成形的一种实体，不同的文化类型在各自演进的时空里，凝结成延续自身血脉和基因的传统。

（二）同一性

一个社会不仅仅只存在一种传统，多种形式的传统并存于这个社会之中。在林林总总的众多传统中，一定有一种传统占据核心地位，影响其他传统的变化和发展。居于主导地位的传统就是文化特质。作为时间链，传统是围绕被接受和相传的主题的一系列变体。这些变体间的联系在于它们的共同主题，在于表现什么和偏离什么的相近性，在于它们同出一源。在一个外部观察者看来，在延传和承袭的相继阶段或历程中基本上保持着同一性。

（三）规范性

"传统是一种规范的行为准则，是真理的一种形式"。传统既然是经过历史不断沉淀而延续至今的精神气质、思想观念、制度礼仪、风俗习惯和语言文字等内容的总和，那就形成了一个价值和行为规范的综合系统。任何传统在传承的过程中，无论是描述性的事实，还是科学性的原理，其最终目的都是希望人们去肯定它和接受它，在于指导人们的行为。因此，需要通过反复强调，不断强化规范性的效果，为人们树立价值导向和行为规范。重现是规范性效果——有时则是规范性意图的后果，是人们表现和接受规范性传统的后果。正是这种规范性的延传，将逝去的一代与活着的一代联结在社会的根本结构之中。传统有可能是过去一切的事物，每一个人乃至每一代人所接受的教育，都是在接受一种规范性的引导，当人类在进行改造客观世界的活动时，会不由自主地选择已有的主观规范评价和理解正在改造的客观世界。如果一旦失去了传统的规范性，人类在改造世界过程中所产生的文化行为都将是不可想象的。因此，在历史不断重复的惯性作用下的传统产生了规范性，它长期支配社会在保持着特定规范有序的模式下实现良性运行。

（四）动态性

任何事物都是变化发展的，传统也不例外。传统在人类代代相传的过程中，不是一成不变的延续下来，其不断发生变化，以不同的形式继续繁荣发展。吉登斯认为"传统总是在变化之中"，没有不变的传统，从古至今每一种传统都会因时空差异而产生内容和结构的变化。这是由于那些已经从传统中汲取了营养的人们总是希望在原来的基础上创造出更加真实、更加完善或更加方便的东西，因此他们不断阐释、创新和改变传统。传统的动态性就是由主体参与和历史选择的结果。传统在动态的发展中不断被丰富和完善。传统在历史的时空里不断延续和更新，它不仅仅存在于当下，去延续过去，同时也包蕴着未来。

中国传统文化是中华民族历代先辈传承下来的，包含思想观念、政治制度、社会伦理和物质财富等，它是历史的产物，但不是陈列品，有着鲜活的生命。传统并不仅仅是把它所接受过来的忠实地保存着，然后毫不改变地保持着并传给后代。它也不像自然的过程那样，在它的形态和形式的无限变化与活动里，永远保持其原始的规律，没有进步。中国传统文化历史悠久，它孕育于夏商，繁荣于两周，定型于秦汉，转型于清末。从早期的原始社会到封建社会末期，上下三千年。发展至今，"中国传统文化以其所蕴藏的理想精神、思想观念、社会伦理和治理规范等每时每刻都影响今天的我们，为我们建设一种全新的文化提供历史背景和历史资源。"

二、中国传统文化的基本要素和结构

（一）文化要素与文化结构

构成文化基本结构的一些必要成分，称为文化要素。一般认为，构成文化的要素有器物要素、认知要素、符号要素、关系要素、规范要素等各种基本成分。

器物要素是人类通过适应、利用和改造自然而创造出来的一切物质产品和人工环境，具有物质的特征。由人发明和创造出来的一切器物，如工具、武器、服饰、食品、种植物、养殖物、建筑物等有形产品以及村庄、工厂、城市、市场、道路、车站、机场、水库、公园等人工环境，既是有形的器物文化部分，同时也属"物化的精神文化"，因为它们都凝聚着人的知识、能力、观念和需求，反映人类的价值观念和认知程度。器物要素对于人类的生存、生产及发展具有重要的价值和作用。

认知要素是人类对自然界和人类社会的感知以及思维信息处理的智能活动，包括从感觉的输入到复杂问题求解的一系列活动过程。认知要素是文化要素中最有活力的部分，是渗透于其他各文化要素中的灵魂。认知要素为人类主体提供了观察世界、了解社会、把握现实的方法和手段，并且提供了评价行为是非和事物好坏的标准与尺度。它主要包括人们的心理感知、思维方式、价值取向、人文关怀、伦理道德、审美情趣等。认知要素是人类一切创造活动的动力，没有它人类便无法从自然界分化出来，它直接关系到人类认识和改造世界的意愿和能力，关系到选择什么样的生活目标和生活方式。人类创造的一切物质产品和非物质产品，都体现着创造者的认知程度和水平，其中思维方式和价值取向是认知要素中的核心。

符号要素是人类文化的最基本形式，是人类创造、传播和存储文化的基本手段和工具，人类通过符号创造、认识和继承文化。作为文化载体的符号要素，最主要的特征是具有表意性，它包括了语言符号和非语言符号。人类只有借助某种符号才能交流，无论是通过表情、姿势、声音还是文字、图形，人类之间只有沟通才能够协调生产劳动和社会活动，人类通过互动来创造文化。由人类创造的一切文化内容，只有借助于非语言符号或语言符号，才能反映出来、传播开来和传承下去。符号要素是人们之间互动的基本途径，通过符号要素人们可以学到以往的传统文化，也可以通过符号要素来创造新的文化。符号要素也在不断发展，在其发展的过程中逐渐形成更加完整的要素体系。

关系要素是人在社会共同生活中结成的各种社会关系和社会组织的总和。人与人结成的相互关系，既是文化的一部分，又是创造各种文化要素的基础，其中生产关系是各种社会关系的基础。实现社会关系的实体是社会组织，社会关系的确定和维系，都需要家庭、氏族或者经济组织、政治组织、军事组织、教育组织、娱乐组织等作保障。

规范要素是指人的社会规范，是反映人们活动秩序和约束人们行为的准则，它包括明文规定的法律、条款、规章、制度和约定俗成的风俗习惯等。规范要素既规定了人们活动的方向、方法和式样，又使人们知道哪些可以做、哪些不可以做、应该怎样做、不应该怎样做，并具有一系列处罚违反规范的机制。规范要素反映和调整着社会的个体与个体、个体与群体、群体与群体以及全部的社会关系。规范要素是文化价值观念的外在表现，是人们在社会实践中为了满足其需要而建立的，认识规范要素的外显特征有助于人们了解社会组织的文化。

文化不仅表现为上述各种要素的组合，而且各要素之间也有内在的结构关系。一般来说，文化的诸多要素都不是孤立的，它们在特定的文化结构中发挥着应有的功能，实现着应有的价值。人类文化的结构是千姿百态的，类型是五花八门的。认识中国传统文化的类型，要经过选择比较，区别出那些被确定为具有关联功能的不同文化结构，再从不同的结构和视角对文化的形态和功能进行划分，这就是文化的分类。按中国传统文化的外延进行分类，由于选择特征的价值取向不同，进行比较的功能关键点和审视特征的焦点也会有差异，所以存在着各种各样的区分标准，人们把中国文化划分为许多不同的结构类型。

中国传统文化多姿多彩的结构特征决定了它的分类意义，其本身所包含的复杂结构又决定了不可能只有少数区分类型的模式和标准。进行结构分类的目的在于认识中国传统文化中的某些核心特征以及认识某些核心特征在中国传统文化这个共同体中的地位和作用，并不是要将中国传统文化的全部元素无休止地分解下去。

最后，我们来简要地认识物质文化和精神文化这两大结构类型。

物质文化又称物态文化，是以物化形态存在的文化，它是人类作用于自然而创制出来的各类器物，是人的物质生产活动方式和产品的总和。物质文化既是实体文化，也是"物化的精神文化"，因为物质文化中包含着人类的知识力量。物质文化构成整个文化创造的基础，没有物质文化，也就谈不上精神文化。中国传统文化中的物质文化包括工具文化、工艺文化、饮食文化、服饰文化、居住文化、交通往来文化、日用器物文化等。文化既以物化形态存在于客观世界，又以意识形态存在于人脑之中。精神文化既是在人类一切社会实践和意识活动中产生的精神产品，又是人类特有的创造物质财富的精神财富。中国传统文化中的精神文化包括我国历史上人们在社会实践和意识活动中长期孕育出来的哲学学说、科学技术、价值观念、艺术审美、思维方式、伦理道德、心理活动以及一切意识形态等主体因素构成的精神领域的成果。一个时代的精神文化不仅集中体现在该时代的思想理论体系中，而且更广泛地体现在各种社会风尚之中。

（二）中国文化与民族文化

"中国"一词，最早出现在商末周初的青铜器铭文上，1963年，在陕西省宝鸡市贾村出土的青铜器何尊铭文曰："惟武王既克大邑商，则廷告于天曰：余其宅兹中国，自兹乂民。"另外，《尚书·梓材》曰："皇天既付中国民越厥疆土于先王，肆王惟德用。"何尊为西周成王时的青铜器，但由于追述武王祭告于天而言及中国。故"中国"这一名称源于武王时期，是可以肯定的。

"天圆地方，国在中央。"中国一词最早的含义是地理位置，是指天子的京畿。周灭商之后，中国也指以丰镐、雒邑为中心的黄河中下游地区的诸侯国，也逐步有了"中原""中华"的含义。严格地说，我国古文献中的"中国"不是一个专有名词，而是作为一个形容词指某个地理位置，只是历史上中国的中心部分。古代中国的中心部分是明确的，而边界是模糊的。所以，古文献中的"中国"，不等于今日中国的范畴。

从秦统一到民国前两千多年的封建时代，"中国""中华"基本上是作为华夏王朝和政权的通称"中国""中华""华夏"基本上通用，中国即中华。由于各个封建朝代和政权都有自己的国号，所以，"中国"的概念似乎一直比较模糊，到西方殖民势力向东方扩张时，"中国"作为主权国家的概念才真正明确起来。1689年《尼布楚条约》签订时，清朝康熙皇帝派遣索额图以"中国大圣皇帝钦差分界大臣、议政大臣、领侍卫内大臣"的身份，作为清政府的谈判代表，与俄国政府派遣的谈判代表戈洛文签订了条约，这是在国际条约上第一次使用"中国"为国家名称。

中国疆域辽阔，地处亚洲东部，境内有广阔的沃野，有茂密的森林，有众多的河流，有无数的湖泊，有纵贯南北的崇山峻岭，有辽阔的海域和绵长的海岸线。中国文化源远流长，距今五千年前，中国的先民已遍布祖国各地，他们创造出了以丰富多彩的陶器为代表的新石器文化；华夏族在夏、商、周三代，创造了辉煌的青铜文化和甲骨文、金文；后来又发明了指南针、造纸术、印刷术和火药等。约在商周和秦汉时期，巴人、蜀人、楚人、吴人、越人、骆越人、滇人、匈奴人、东胡人等，都相继创造了自己的青铜文化，少数民族还创造了藏文、突厥文、回鹘文、契丹文、西夏文、女真文、蒙古文、彝文、傣文、满文等。在历史上，中国文化为世界东方最先进的文化，对古代世界文化的发展作出过巨大的贡献。

总之，中国文化是指自古至今在中国疆域内由诸多民族共同创造的物质财富和精神财富的总和，又称为中华文化。中国文化（中华文化）是以国别来区分的一种文化。它作为一种国别文化，具有同一性和多维性。一方面"中国""中华"是中国境内各民族的共同称号，中华民族是由国内诸多民族经过几千年的酝酿而融合为一个整体的民族，形成了这样一种统一的共同体文化——中国文化（中华文化）；另一方面，中国是一个多民族的国家，每一个民族又有不同于其他民族的文化，所以，中国文化又具有多维性。

"民族"一词的含义有：第一，广义的"民族"是指处于不同社会发展阶段的各种人的共同体，如古代民族、现代民族。有的学者甚至习惯用"民族"一词，来指一个国家或一个地区的各民族，如中华民族。从这种意义上所说的民族文化，即某一国家各民族的共同文化；第二，狭义的"民族"是指人们"在一定的历史发展阶段所形成的具有共同语言、共同地域、共同经济生活以及表现于共同的民族文化特点上的共同心理素质的稳定的共同体"。从这种意义上所说的民族文化，即指汉族的文化或某个少数民族的文化。

中国作为统一的多民族国家形成和发展的历史过程，也就是中华民族多元一体格局形成的过程。几千年的文明史说明，中国的统一是由各民族共同完成的，在共同创造光辉灿烂的中华文化的进程中，各民族都建立了不可磨灭的功绩，汉族是以先秦华夏民族为核心，在秦汉时期所形成的统一的、稳定的民族，是中华民族的主体，汉族在后来的历史发展中也融合了许多少数民族，在统一中华的大业中起了主导作用；汉文化作为中华文化的主体文化，也吸收了许多少数民族的文化。每一个少数民族都有自己独特的文化，每一个少数民族的文化也有自己的历史，这对于中华民族文化的形成和发展是不可缺少的。中国历史上虽然出现过几次大的分裂，但每次分裂最后都被新的、更大的统一所代替。每一次新的统一都促进了各民族社会制度的进步，促进了各民族经济、文化的发展，促进了各民族的互相联系和融合。

由此可见，中国作为多民族统一的国家，是中国历史长期发展的必然结果，中国文化也是中国作为多民族统一的国家长期历史发展的必然结果，这种共同体文化具有强大的包容各民族文化的凝聚力。

（三）传统文化与文化传统

文化具有历史性，即文化的纵向性，因为所有的文化都由历史积淀而成。每一个时代都有不同于其他时代的特定的物质生产方式、人与自然的特定关系、人与人的特定关系以及特定的意识形态，所以，其文化必然存在特定性，即文化的时代性或历史性。中国传统文化是指中国历史上的文化，是与中国当代文化相对而言的，它是对中国文化古今不同时代的一种划分，比如，中国文化可以划分为中国古代文化、中国近代文化、中国现代文化，也可以划分为传统文化与现代文化。

有人把"中国古代文化"当作"中国传统文化",在概念上,这是不准确的,不能简单地在中国古代文化与中国传统文化之间画等号。中国传统文化是针对中国文化的传承而言的,它强调的是中国文化的渊源和传承下来的客观存在的文化遗产。中国传统文化相对于各民族而言,是指从历史上沿袭、传承下来的民族文化;相对于外来文化而言,是指母体文化或本土文化;相对于现代文化而言,是指历史上流传的文化。传统文化经过了漫长的历史积淀,是历史的综合。文化只有积淀为传统,才是稳定的形态,否则文化无法存在。被传承下来的经过积淀的文化,不论在今人看来是精华还是糟粕,都是中国传统文化的组成部分。中国古代文化只是一个特定的历史阶段,况且这个阶段中部分失传的内容,例如,西周的《周礼》中的许多具体规矩、制度,变成已消亡的文化,就不能再称为传统文化。一个民族的传统文化的发展过程是一个不断扬弃的过程,适应时代需求的传统文化将得到进一步发扬光大。

文化传统与传统文化的含义是有所不同的,两者是既互相联系又互相区别的概念。文化传统是指贯穿于历史各阶段文化中那些有一定稳定性和延续性的文化精神,是被中华民族总体所承袭下来的意识形态中的核心内容,诸如精神、心态、道德、观念、理论、思维方式、行为方式、抒情方式、价值观念等,它是中国人几千年传承至今最主要的心理习惯、思维定式、意识形态。文化传统有稳定性和延续性,无论是从理论上还是从事实上看,文化传统虽然不如传统文化广泛,但文化传统是传统文化的核心,它贯穿于传统文化之中。中国文化传统作用于中华民族的灵魂、思想和行为，尽管文化传统在上层文化、中层文化、下层文化中表现形式不一，但其精髓是一致的，是起共同作用的，中国文化传统是中华民族内聚力的源泉。

文化传统不是一成不变的，它是一个变化的、容纳的、吸收的系统。它虽有排拒性，但又不会把自己已有的文化绝对化，并具有包容性，它能不断地吸收各种不同的文化，不断建构新的文化传统。有些文化传统的渊源不一定全都来自本民族的古代历史，有的来自外部的异质文化，如果这些异质文化与中国文化接轨，被中国人广泛接受了，就可以融入中国文化传统，实现其中国化。

传统文化对当代社会而言，既可以发挥积极作用，也可以发挥消极作用。发挥积极作用的是精华，发挥消极作用的是糟粕。我们对待传统文化的态度是"取其精华，去其糟粕"。挖掘传统文化的精华本身就是对糟粕的扬弃，对那些消极的因素，我们要坚决剔除。有批判才会有继承，否则，笼统地谈弘扬传统文化是不科学的。另外，如果因为传统文化中有糟粕就否定自己的传统文化，这也是错误的。正确的态度是继承传统，超越传统，科学地扬弃，并积极地创造优秀文化。

中国传统文化是指在长期的历史发展过程中形成和发展起来的，保留在中华民族中间具有稳定形态的中国文化，具体包括思想观念、思维方式、价值取向、道德情操、礼仪制度、风俗习惯、行为方式、生活方式、文学艺术、教育科技、文物典籍等。它是中华民族团结奋进、继往开来、开创美好明天的坚实基础。

综上所述，所谓传统文化，是一个民族的历史遗产在现实生活中的展现，有着特定的内涵和占主导地位的基本精神。它负载着一个民族的价值取向，影响着一个民族的行为方式和生活方式，汇集出一个民族自我认同的凝聚力。

第四节 中国传统文化的特征

学者们基于不同的视角和侧重点，概括出中国传统文化的不同特征。在梳理总结、借鉴吸收学者们对中国传统文化特征已有观点的基础上，本书将传统文化的特征概括为以下几个方面。

一、包容性

英国历史学家汤因比曾说过，在近6000年的人类发展史上，出现过26种文化形态，其中包括四大文明古国的文化体系，但是只有中国的文化体系从未中断过，表现出强大的生命力。中国文化之所以能发展至今，具有如此强大的生命力，原因是多方面的，中国文化的包容性是其中最重要的原因之一。

二、伦理性

中国古代的社会制度和社会组织形式不断变迁，但是，氏族社会遗留下来的以父系家长为中心、以嫡长子继承制为基本原则的伦理制度却一直延续到近代，有数千年之久。

中国传统文化中的伦理观念与礼教相结合，具有很强的道德吸引力和感召力，深刻影响了社会文化生活的诸多方面。中国农业文明催生并与其紧密结合的宗法制度，不仅创造了稳定的有利于文化发展、延续的社会环境，也促使华夏民族从对神的崇拜到对人自身的关注。在伦理观念的影响下，中国社会形成了讲究群体意识、注重家庭观念、忠君爱国、孝顺父母等优良传统。

三、和谐性

虽然中国地理环境相对封闭，但是幅员辽阔，气候宜人，具有优越的农业生产条件，成就了中国内陆型的农耕文明。长期生活在这块土地上的中华民族，以农耕为主要生计方式，习惯于"顺天"——合规律的四季气候、昼夜寒暑和风调雨顺等对生产和生活的巨大作用，对天地自然怀有和产生了亲切的情感和观念。早熟的农业文明，形成了中华民族自古以来与天地自然和睦相处，积淀为"天人合一""万物一体"和"天人合德"的民族心理，也造就了中国传统文化的和谐精神。

回顾中国传统文化的发展历程，不难发现，中国文化的和谐精神不仅体现在"人与自然"的和谐上，还体现在"人与人""人与社会"的和谐上。

天人合一思想是人与自然和谐相处的集中体现，认为人与自然是相统一的整体。首先，肯定天地、万物、人是齐同的，同类相通，统一成一个整体。《周易》以"天""地""人"为"三才"，并认为"有天地，然后有万物；有万物，然后有男女；有男女，然后有夫妇"，《道德经》以"道""天""地""人"为"四大"，庄子说"天地与我并生，而万物与我为一"，把"人"

视为与天地自然相互依存的重要实体。其次，人是"天地之心"，为万物之灵长，宇宙之精华，人要爱万物。惠施提出，"泛爱万物，天地一体也"，张载认为，"民，吾同胞；物，吾与也"，无不主张人与自然要亲和友善，宽容厚之。再次，人与自然环境要和谐共生，遵循自然法则。古籍中多有论述，"道法自然"，"法天地"，"夫大人者，与天地合其德，与日月合其明，与四时合其序"，这些都体现了中国文化重视人与自然和谐的特征。人与自然相和谐的天人合一思想，对当下倡导的生态平衡和可持续发展，具有很强的启示和借鉴意义。

人与人的和谐，体现在推己及人的思维方式形成的传统处世哲学上，通过人际情感交流，达到一种和谐的境地。例如，儒家倡导"己所不欲，勿施于人"，"己欲立而立人，己欲达而达人"的"恕道"原则，要求每个人的文化实践中，"老吾老以及人之老，幼吾幼以及人之幼"。也就是说，一事当前要先设身处地地为对方（他人）着想，以对方（他人）为重。中国传统文化中人与人之间的和谐，彰显了"仁者爱人""和为贵"的精神。

人与社会和谐，体现在倡导"不偏不党，王道荡荡"的"中庸"处世态度上，既积极入世，又注重自我约束和个人修养。中国传统文化坚持"中和为上"的致中和原则，把个人与社会的关系看作矛盾的统一体。矛盾表现在个人与社会常有对立冲突。对立的原因是每个个体是血肉之躯，必然会有所欲求。人人有所欲求，而社会不可能满足人的所有欲求，必然会产生冲突。统一表现在个人与社会不可分，个人脱离社会就无法生存，社会没有了个人也就不成为社会。

四、务实性

中国传统文化的务实性体现在民族性格上，植根于农业文明的生境中，形成了"一分耕耘，一分收获"的共识，立足现世，倡导惜天时，尽地力，重本务，远离玄虚，鄙夷机巧奸伪。正如章太炎所描述中国国人的务实性格，"国民常性，所察在政事日用，所务在工商耕稼，志尽于有生，语绝于无验。"中国传统文化的务实性，告诫人们立足于此岸世界，把"立德、立功、立言"作为实现人生价值的目标，走"经世致用"的道路。所谓"致用"，指的是学必有用，求知要与躬行结合起来。孔子的"学而优则仕"，"学"是学，"仕"则是用。《大学》中的"博学之，审问之，慎思之，明辨之"是学，"笃行之"是用。因此，中国古代知识分子大体都是入世型的。

第五节 中国传统文化基本精神的功能

中国文化的基本精神，作为中华民族精神的表现，在中国古代社会的长期发展中，产生了深远的影响，具有重要的作用。全面了解中国传统文化基本精神的功能，有助于我们更深刻地认识中国传统文化的积极意义。

一、民族凝聚

中国传统文化基本精神的一个重要功能，是民族凝聚功能。它可以超越地域、阶级、种族、时代的限制，用中国传统文化哺育每一个中华儿女，使其凝为一体，同心同德地为民族整体利益和长远利益而不懈奋斗。正因为如此，每当历史上出现外敌入侵之时，中华民族都能够万众一心地抵御外侮；每当内乱出现之时，人们往往又可以在"中华一体"的民族认同基础上，摒弃前嫌，团结一致，变分为合，化乱为治。这些都与刚健自强、贵和尚中的民族文化基本精神对人们的滋养是分不开的。

我们民族贵和尚中的文化基本精神，滋养出了中华民族崇尚和谐统一的博大胸怀。坚持"和而不同"的矛盾统一观，反对片面求同或乱斗一气；坚持统一，反对分裂。把家庭邻里的和谐、国家的统一看作天经地义的事情。这种文化传统，对于中华一体、国家一统的民族文化心理的形成，对于我们国家、社会的长期稳定发展，曾经起了十分重要的聚合作用。

自西周以来，作为一种理性自觉，大一统观念便深深地扎根于中国人的心中，"春秋大一统"是人人皆知的名言。作为中国传统精英文化主流的诸子百家学说，尽管各是其说，有的甚至形同水火，但在国家统一、民族融合、使天下"定于一"的思想方向上，却有共识。这种政治上的大一统观念，实际上是天人合一、贵和尚中的民族文化基本精神熏陶的结果，是它的折射。不仅如此，天下一家，民胞物与，四海皆兄弟的观念，还成为凝聚全社会的精神力量。以国家统一为乐，以江山分裂为忧，是中华民族天经地义的政治价值取向。这种大一统观念，经过儒、法两家从不同思维路向的论证，特别是经过秦汉时期封建大一统国家的建立而带来的民族融合、共同发展的历史实践，逐渐转化为民族文化深层社会心理的结构意识，成为中华民族的政治思维定式，有力地推动了中华民族的整体发展和社会文化的进步。

中国传统文化的基本精神，是民族凝聚力形成并发挥作用的思想基础，也是它的思想核心。民族凝聚力作为一种思想整合力量，作为民族文化对其全体成员的吸引力，作为统摄人心、团结族类的精神纽带，必然要以民族文化基本精神为思想依托。没有民族文化基本精神的存在，没有它的感召力量，就没有真正的民族凝聚力。

中国传统文化基本精神还是增强并推动民族凝聚力更新的精神力量。作为观念形态的东西，民族凝聚力具有相对稳定性；而作为一个民族的文化传统，它则是历史地发展着的。因此，不同时代民族凝聚力的内容也会有所变化，或增强，或减弱，或者更新自己的形态。因此，人们就必须用不断更新、不断丰富的民族文化基本精神去充实、改铸民族凝聚力，丰富它的内涵，增强它的力量，推动它不断地更新自己的形态，以适应时代发展的要求。

二、精神激励

中国传统文化的基本精神，对于中华民族的每一个成员，都有着强烈而积极的精神激励功能。

如前所述，作为中国传统文化的基本精神，必须具有影响广泛、促进社会发展进步的特点。民族文化基本精神代表着民族精神，是民族优秀文化传统的体现。因此，它应该而且必然反映着中国传统文化的健康的发展方向，能够鼓舞人民前进，无论在历史上，还是在当代中国的文化建设中，都具有激发民族自尊心、自信心和民族自豪感的伟大作用。它也理所当然地要成为维系全民族共同心理、共同价值追求的思想纽带，成为激发人们为民族统一和社会进步而英勇奋斗，鞠躬尽瘁、死而后已的精神源泉。

中国传统文化中刚健自强的基本精神，在两千多年的历史发展中，一直激励着人们奋发向上，不断前进，坚持与内部的恶劣势力和外来的侵略压迫者做不屈不挠的斗争。近代以来，中国人民为了救亡图存和民族自强而进行了艰苦卓绝的斗争。鸦片战争后，林则徐的学生冯桂芬提出了"若要雪耻，莫如自强"的口号。近代史上的洋务运动，正是打着"自然新政"的旗号开始的。严复强调，中国要自强，必须在"鼓民力""开民智""新民德"的自强之本上下功夫。康有为在著名的《公车上书》中，也以《易传》的刚健有为、尚动通变原则作为变法的理论依据。孙中山领导的资产阶级民主革命，邹容写的《革命军》，更是把"革命"看成"世界之公理""天演之公例"。他们无一例外地都受到了中国传统文化中的刚健自强思想的深刻影响，把它作为精神动力，并赋予其新的时代内容。这些都是对中国传统文化中刚健有为、自强不息精神的自觉继承和发扬。可以说，传统文化的基本精神仍然是中国近现代优秀文化的活的灵魂。

中国传统文化中以人为本的基本精神，激励着人们尊重人的价值和尊严，努力在现实生活中去发现人，实现人的价值。这种价值，首先是道德价值。儒家认为，人的本性中先天地具有仁、义、礼、智等美好的道德品质，但要把它实现出来，并且加以充实和发展，还必须经过自觉的道德修养和意志锻炼。儒家学说特别强调主体自我修养和道德实践的重要意义，鼓励人们通过道德修养来培养高尚的情操，成就完美的人格。儒家先义后利、重义轻利的价值观，在提升人的精神境界，把人培养成为有道德的人、有精神追求的人方面，有着不可否认的积极作用。中国传统哲学中的各家各派，虽然价值观不同，但都重视道德修养，以人为本，对于培养和发展中国文化的人文主义精神传统，都做出了重要贡献。中国历代都出现了许多重修养、重气节、重独立人格的志士仁人，这与传统文化基本精神的熏陶、培育和激励是分不开的。

中国传统文化中天人合一、贵和尚中的基本精神，还激励人们自觉地维护整体利益，坚持集体主义的价值取向。把天、地、人看作一个统一的整体，强调并努力创造三者之间的和谐，以维护这个整体的和谐为己任，并把个人、家庭和国家的利益看作不可分割的统一体，这样一种共同的民族文化心理态势，对于中华民族的发展壮大，有着不可忽视的积极意义。儒家的"修齐治平"的理论，道家的"道法自然"的思维旨趣，墨家的"天下尚同"的政治理想等，都是以整体为上的价值取向。这种价值取向，把全局的利益看得高于局部的利益，把整体的利益看得高于个体的利益。它凸显了中华民族以小我成全大我、以牺牲个人和局部的利益去维护整体和全局利益的优秀品格，造就了以国家、民族利益为上的思想风貌。传统文化基本精神的价值导向功能，在这里看得非常清楚。

三、整合创新

整合不同的价值，使其在"中华一体"的文化格局中熔铸成为一个有机的统一整体，从而有所开拓创新。这是中国传统文化基本精神的又一功能。

中国传统文化的基本精神，是整个中华版图意义上的民族精神。而中华民族的孕育、形成和发展，有一个漫长的过程。同样，全面意义上的中国传统文化的成熟、定型，也有一个长期发展的过程。作为中国传统文化基本精神的诸多主体内容，在不同时期、不同地域起着不同的作用，对原有的诸多地域文化和不同阶层的文化，起着重要的整合创新功能。

中国古代文化是在多元一体的格局下发展起来的。齐鲁文化、燕赵文化、巴蜀文化、荆楚文化、吴越文化、秦陇文化、岭南文化等，都是古代中国人在艰苦的实践中，在特定的地域里，通过长期艰苦卓绝的努力创造出来的反映该地域人民文明发展程度的文化。这些地域文化，各有其自然环境特色和社会人文特色，反映了不同的价值观念，彼此间不能等同、替代。但是，这些特色各异的地域文化，几乎都蕴含着自强不息的奋斗精神，都有"中华一体"的文化认同意识。正是在这种共同精神的烛照下，多元发展的地域文化逐渐走向融合，成为中华民族文化大家庭的重要组成部分。在中国历史上，每一次大的统一，都伴随着文化和思想观念上的整合创新。秦朝统一，使秦与其他六国"车同轨，书同文，行同伦"（《礼记·中庸》），中国有了统一的文字，这对于中国传统文化的开拓和发展，有着极其深远的意义。而后，隋唐、明清文化中出现的盛大恢宏气象，无一不蕴含着深刻的整合创新精神。不同地域的文化被纳入中华民族文化的整体构架之后，原本分别存在于不同地域文化之中的各种文化"基因"，继续存在，有的还被大力发展，着意提升，成为全民族共同的精神财富。

中国传统文化基本精神中的整合创新功能，根植于中国古代哲学的理论思维之中，如我们提及过的"贵和"思想，便是突出一例。"和实生物，同则不继"（《国语·郑语》），在中国古代的哲人看来，"和"便是创新的源泉，万物的生生日新，是统一体中的"不同"、对立的方面整合的结果，这也是《易传》中所说的："日新之谓盛德，生生之谓易。"

中国传统文化的基本精神，是全民族的共同精神成果，在其演进的过程中，逐渐形成了文化的大传统。天人合一、以人为本、贵和尚中、刚健有为成为全社会广泛认同的文化观念，超越了地域和阶层，成为牢固的民族文化心理，代代相承，不为外来的力量所打破。在文化大传统的熏陶下，原有的地域文化所蕴含的文化小传统，既表现出中国传统文化的共性，又保留了自己的特殊性，即个性，内容更加丰富，有的还在发展中逐渐形成了新的传统。

值得注意的是，在中国古代文化中，文化的大传统与小传统往往交相渗透，彼此兼容，很难简单地截然分开。比如，上述中国传统文化基本精神的诸方面，在不同的地域文化中都有不同程度的存在和表现；就阶层而言，在上层社会和下层社会中也基本上都可以被接受。这与中国传统文化基本精神雅俗共赏、上下乐道、朝野认同的特质是分不开的。

中国传统文化基本精神有着强烈的趋善求治的价值要求。无论在理论层面和行为方式层面，还是在社会心理和潜意识的层面，都对全民族的价值取向起着任何别的因素所不能替代的作用。"贵和尚中"的精神，培育了古代中国人民追求和谐、反对分裂的整体观念，滋养了崇尚中道、不走极端的平和心境；"天人合一"的精神，激发出"究天人之际"的治学传统和思想传统，并成为不同时期、不同思想流派共同的思维方式和价值追求。这些经过长期的实践，逐步深入人心，并演化为深厚的民族共同心理，以至于成为集体的"文化无意识"。这些思想观念的相互整合，塑造了中国传统文化博大、精进、宽厚、务实的精神风貌。

第二章 中国传统文化发展历程

博大精深的中国传统文化，从孕育生发到发展完善，经历了一个漫长曲折、波澜壮阔的发展过程。回顾中国传统文化的发展历程，我们可以清晰地看到中华文明的基本特点和历史演进逻辑。

第一节 孕育与形成：先秦

一、中国传统文化的孕育

中国先哲与当代学者往往以"上古"来概括发明并使用文字以前的历史阶段，而这一遥远的文化期正是中国传统文化发端的初始阶段。

文化的实质性含义是"人化"或"人类化"。有了人，就开始有了历史，也开始有了文化。因此，中国传统文化起源与中国人起源实质上是联系在一起的。

1965年5月，考古学者从云南元谋上那蚌村发现了距今约170万年的直立人化石，定名为元谋人，这是中国境内目前已知最早的人类活动的历史确证。20世纪70年代以来，人类的直系元祖腊玛古猿化石的多次发掘，以及人类从直立人、早期古人到晚期新人各个发展阶段的丰富材料相继发现，使得世界上迄今只有中华大地在人类起源的各个环节中没有缺环。

在文化产生的过程中，最早出现的是工具。猿人最初使用的工具是天然和简单加工的石块，考古学上将这一时期称为旧石器时代。从元谋人直到距今约七千年的四川资阳人均处于这一时代。

火的使用是旧石器时代的一项具有划时代意义的文化创造。在中国神话传说中，"燧人氏"钻木取火正反映了原始人经过广泛的、多渠道的实践才发明取火技术的文化史的本来面目。关于火在人类历史中的作用和地位，恩格斯有精辟论述。他认为，就世界性的解放作用而言，摩擦生火还是超过了蒸汽机，因为摩擦生火第一次使人支配了一种自然力，从而最终把人同动物界分开。他又指出，甚至可以把这种发现看作人类历史的开端。

火尽管不同于一般的工具，如石器、木器、骨器等，是一种化学反应现象。但是，作为猿人进行物质生活的重要手段，火的使用从本质上讲属于工具的范围。就性质而言，工具无疑是一种物质产品，然而，制造工具的活动中已包含有意识性的内容。因此，在从猿到人的转变过程中产生出来的工具，不仅是人类物质文化的开端，而且直接标志着文化的起源。

二、中国传统文化的形成

从人猿揖别、文化开始发端，到传说中的大禹"即天子位，南面朝天下"（《史记·夏本纪》），中国传统文化在自身的生命运动中，迈出了巨大的一步。然而，至殷商西周，中国传统文化的特殊面貌才开始形成。

（一）殷商神本文化

商文明发祥于山东半岛渤海湾。在初始阶段，商人主要从事游耕农业。与此相适应，商人的都城一再迁徙，史称"不常厥邑"。商朝是我国目前已知的最早有文字记载的朝代。凭借商代的甲骨文，人们能够对商朝的历史进行更多的了解。

殷商时期是一个宗教意识极为浓厚的时代，整个社会中到处弥漫着原始宗教的气息，神学观念在社会中占据绝对统治的地位。《礼记·表记》写道："殷人尊神，率民以事神。"在殷商人眼里，神是至高无上的，一切都要听命于神的安排，殷人以卜筮来决定自己的行为举止。

从已有的文献资料记载及前人的研究成果可以看出，商朝文化观念集中体现在"尊神重巫"，表现出强烈的神本文化的特色。比如，国家大事都要由巫师占卜决定，并常常举行规模盛大的祭祀活动，来表示对鬼神的敬意，即所谓"国之大事，在祀与戎，祀有执膰，戎有受脤，神之大节也"（《春秋左传·成公十三年》）。殷商社会崇拜天帝，祭祀祖先，认为人间任何事情冥冥之中都要受到神的支配，无论在思想意识上还是在个体或群体行为上，都还完全处于一种被动的从属地位，甚至政治活动也从属于宗教活动。

以尊神重鬼为特色的殷商文化，是人类思维水平尚处于蒙昧阶段的产物。随着人们实践经验日益丰富，生产力水平不断提高，对神的力量的崇拜渐次淡薄，对于自身能力的信心与日俱增。于是，以神为本的文化逐渐开始向以人为本的文化过渡，其契机便是商周之际的社会大变动。

（二）西周敬天保民

对于中国传统文化的发展来说，周人入主中原，具有决定文化模式转换的重要意义。

"周"是一个历史几乎与"商"同样悠久的部族，作为偏处西方的"小邦"，它曾长期附属于商。经过数百年的惨淡经营，周族逐渐强大，并利用商纣的腐败和商人主力部队转战东南淮夷之机，起兵伐纣。最终，"小邦周"战胜并取代"大邑商"，建立起周朝。

商朝灭亡的事实证明，仅仅依靠虔诚的宗天祭祖显然无济于事，关键在于统治者的政策是否"宜民宜人"。因此，周人在此基础上进一步形成了"敬德"思想，主张"皇天无亲，惟德是辅"（《尚书·蔡仲之命》）。西周初年，统治者出于建立新的统治秩序的需要，积极反思殷商灭亡的经验和教训，从安抚民意和理论重建两方面出发，提出了一套更为全面、系统的统治思想。

周人在殷商崇尚天帝的基础上，创造了"天"的概念。殷商时期，最高的神被称作"帝"，这实际上是一元化了的祖宗神，是殷商民族的保护神。周人把最高的神称作"天"，不仅使神和超自然统一了起来，而且也使最高神的属性摆脱了祖宗神的单一性，具有超然、抽象的特点。也就是说，这种抽象的最高神，不再是某个部落或民族的保护神，而是全体华夏民族的保护神。它为他们选择理想的统治者，即"皇天无亲，惟德是辅"（《尚书·蔡仲之命》）。皇天选择那些有德者作为自己在人间的代理人治理百姓，这个人被称作"天之元子"，简称"天子"。天子如果有德，就会得到上帝的庇护；如果无德或者失德，皇天就会另选他人，即"改厥元子"。这样，周人就合乎逻辑地解释了殷商丧失政权的合理性，即"惟不敬厥德，乃早坠厥命"（《尚书·召诰》）。同时也顺理成章地论证了周政权的合法性，即殷人失德，故失去了天的庇佑，因而丧失政权；周人有德，故获得了上天的眷顾。同时，周朝统治者还提出了"敬天保民""以德配天"等重要思想。中国传统文化中德治主义、民本主义、忧患意识乃至"天人合一"的致思趋向，皆肇始于此。

周人在思想革新的过程中，也进行了文化维新。突出表现就是建立了兼备政治权力统治和血亲道德制约双重功能的宗法制度，其影响深入中国社会机体。虽然汉以后的宗法制度不再直接表现为国家政治制度，但其强调伦常秩序、注重血缘身份的基本原则与基本精神却依然维系下来，并深切渗透于民族意识、民族性格、民族习惯之中。如果说中国传统文化具有宗法文化特征的话，那么，这种文化特征正肇始于西周。

除了建立完备的宗法制度和分封制度，将上层建筑诸领域制度化外，周人的另一文化创新，乃是确立把上下尊卑等级关系固定下来的礼制和与之相配合的情感艺术系统，这便是所谓的"制礼作乐"。

周人的礼制是其制度文化、行为文化和观念文化的集中体现，既是典章制度的总汇，又是政治生活、经济生活、社会生活、家庭生活等各种行为规范的准则，"道德仁义，非礼不成；教训正俗，非礼不备；分争辩讼，非礼不决；君臣、上下、父子、兄弟，非礼不定；宦学事师，非礼不亲；班朝治军，莅官行法，非礼威严不行；祷祠、祭祀，供给鬼神，非礼不诚不庄"（《礼记·曲礼》）。周人之"礼"，包括形式和内容两个方面。其形式为"仪"，即各种礼节和仪式。周制规定，各级贵族祭祀、用兵、朝聘、婚丧，都要遵循严格的合乎其身份等级的礼节仪式，以体现君臣、父子、兄弟、夫妻的上下尊卑之别。礼制为后世儒家所继承、发展，以强劲的力量规范着中国人的生活行为、心理情操与是非善恶观念。中国传统的礼制文化即创制于西周。

（三）春秋学派分立

春秋时期是中国传统礼制逐渐解体、新的法制逐渐形成的社会大变革时期。反映在社会上层建筑方面，表现出两个明显而主要的特点：其一是传统的"世卿世禄"的等级制度迅速走向衰败；其二是"学在官府"的局面已经开始崩溃。

殷商西周时期，巫史掌管文化教育，维护贵族阶层垄断文化的特权，只有贵族子弟才有受教育的权利。周礼规定，"学在官府"，只准"国之贵游子弟学焉"（《周礼·地官·师氏》）。一般人被排斥在"官学"之外，没有受教育的权利和机会。教学内容也只局限在礼制、法度、宗教神学的范围之内，政教不分，官私合一。随着周天子权力的旁落、王室的衰败，"学在官府"的局面维持不下去了。许多原来在王公贵族、诸侯大夫门下从事各种文化活动的"士"，不得不流落民间。与此同时，原先深藏在宫廷的文化典籍也流散于民间，成为一般平民的读物，"天子失官，学在四夷"（《左转·昭公十七年》）已是大势所趋。官学的崩溃，必然促成"私学"的兴起。在这样的历史条件下，孔子作为平民阶级的思想代表，提出了"有教无类"的主张，首创私学，使大批新兴地主、商人和农家子弟也有了平等受教的机会。这对于冲破"学在官府"的贵族垄断文化的局面，促进"学在民间"的文化下移，广泛传播文化，推动历史前进，具有明显的积极作用。

文化的下移带来的就是学派的分立，其中最为典型的就是以"道"为本体的老子学说和以"仁"为核心的孔子学说。

老子面对不可逆转的社会变革，从维护统治阶级利益的角度出发，去探索宇宙、社会和人生的根本法则，提出了一个超越一切的虚无本体——道，认为万物皆由道而生。与道的思想相适应，老子的政治主张是"无为而治"。他说："道常无为而无不为。侯王若能守之，万物将自化。"（《道德经》）为达到此目的，老子主张实行"愚民政策"。他认为民之难治，以其智多，绝圣弃智，绝仁弃义，使民无知无欲。他号召统治者在统治人民时要实施"虚其心，实其腹，弱其志，强其骨，常使民无知无欲"（《道德经》）的政策。老子最理想的社会政治制度是"小国寡民"的原始社会。

老子在方法论上具有朴素的辩证法思想。他认为"祸兮福之所倚，福兮祸之所伏""有无相生，难易相成，长短相形，高下相倾，音声相和，前后相随"（《道德经》）。这就是说，事物的相互对立的两个方面，既相互联系、相互依存，同时在一定条件下又可以相互转化。老子把事物都包含有向相反方向转化的规律，概括为"反者道之动"（《道德经》）。他的这一命题对中国哲学中辩证思想的发展产生了重大影响。

与老子学说不同的孔子学说，则以强调"仁"为核心。孔子生活在礼崩乐坏的春秋晚期。生活在这个时代的孔子，既有留恋旧秩序的一面，又有向往新事物的一面。因此，在他的思想中充满着新旧两个方面的矛盾，这是春秋时期社会变革在思想领域的集中反映。

孔子非常重视"礼"，把"礼"看作维护旧的等级制度的重要手段。他非常赞叹周礼的完美，认为要维护周礼，须从"正名"入手。所谓"正名"，就是用周礼去匡正已经发生变化的社会现实，使君臣父子各安其位，遵守各自的本分，不越位、不错礼。因此，他要求用周礼来约束人们的一切行动，"非礼勿视，非礼勿听，非礼勿言，非礼勿动"（《论语·颜渊》）。

孔子虽然强调礼乐教化，但是他认为礼乐的根本在于仁德的修养，他把"仁"作为人生追求的最高理想，提出"志士仁人，无求生以害人，有杀身以成仁"（《论语·卫灵公》），以至于在中国两千多年的历史长河中，"杀身成仁"成为士大夫阶层自我完善的神圣节操。孔子的"仁"还包括爱惜劳动者的观点。他主张"节用而爱人，使民以时""己欲立而立人，己欲达而达人"（《论语·雍也》）。

在方法论上，孔子继承和发展了古代"中"的思想，提出了"中庸"的实践理性辩证原则。与中庸相联系，孔子还发展了另一"先王之道"——"和"的学说。他认为"君子和而不同，小人同而不和"（《论语·子路》），意思是君子能与人和谐相处，有自己的是非之见而不盲从、不随声附和；小人总是盲目附和，与人钩心斗角而不能和谐相处。由此可见，"和"是实现"中"的方法，同时也是对"中"的原则的运用。

在知识论方面，孔子思想中存在着"生而知之"和"学而知之"的矛盾。他虽然宣传"生而知之"，但更重视"学而知之"。他强调多闻、多见大有益处，认为"多闻阙疑，慎言其余，则寡尤。多见阙殆，慎行其余，则寡悔"（《论语·为政》）。孔子还谈论学与思的关系，指出"学而不思则罔，思而不学则殆"，主张把学与思结合起来，提出"学思并重"的认识论观点。

（四）战国百家争鸣

战国时期是中国社会制度由传统礼制转向新型法制的大变革时期。许多诸侯国为了巩固和壮大自己的势力，先后进行了不同程度的变法改革。围绕社会制度变革的许多问题，社会上各阶级、各集团、各派别纷纷提出了自己的政治主张。这样，从春秋时期开始出现的学派分立和百家争鸣，到战国中后期达到了高潮，形成了"诸子蜂起""处士横议"的局面。原来的儒、道、墨、法等学派在这一时期产生了分流并取得了一定的发展。

儒家思想在战国时期以孟子和荀子的贡献最大。孟子继承了孔子关于"仁"的思想和德政主张，并且把它发展成为"仁政"学说。在天命观上，孟子也继承了孔子的观点，但是剔除了"天"的人格神成分，赋予"天"以道德属性。他也非常注意人性问题，主张性善论，并且认为它是仁、义、礼、智的根源。荀子则继承了孔子思想中"重人事、不重鬼神"的一面，强调天人之分，提出"制天命而用之"的观点。在人性问题上，他主张性恶论，强调对人的天性进行教化改造的重要性。

道家思想在战国中期也开始发生分化，大体可分为两派：一派以稷下道家为代表，另一派以庄周为代表。稷下道家发挥了老子"道中有物有精"的思想，提出"精气"学说，认为天下万物都是由气产生的，气是世界的本源。这是一元论的唯物主义学说。庄子是先秦道家之集大成者，影响很大，与老子齐名，二者常被后世并称"老庄"。他继承了老子的虚无思想，认为道是虚无的实体，能生成天地万物。其思想的最后归宿是为了达到人生逍遥的目的，游心于物外，不为世俗所累。但这种思想失去了进取精神，反映了战国时期一部分人的消极没落的思想情绪。

墨家的创立者是墨翟，其信徒多系直接从事劳作的下层群众，尤以手工业者居多。故墨家思想强调物质生产劳动在社会生活中的地位（尚力），反对生存基本需要外的消费（节用），反对战争（非攻），提倡人与人之间、国与国之间的和平友爱（兼爱），主张依法治国（法仪），坚持百姓、官吏和国家之间的同心同德、上下一心（尚同）。墨家在战国时期亦属显学之一。

法家的先驱人物是管仲和子产，他们力主强化法令刑律，使民畏威如疾，从而达到富国理乱的效果。他们的理论是火烈则民望而畏之，故死于火的人少；水弱则民狎而玩之，故死于水的人多，因此，法令刑律宜严不宜宽。此后，李悝的《法经》，商鞅"法治"，申不害、慎到相继提出重"术"、重"势"的思想，至韩非集法、术、势之大成，又吸收道家思想，建构成完备的法家理论，使法治理论系统化，为结束诸侯割据，建立统一的君主专制中央集权国家提供了理论根源。韩非还在认识论上继承了荀子的"天行有常"思想，用唯物主义观点改造了老子关于"道"的学说，并在此基础上提出了新的哲学范畴——理。他认为道是万物发展的总规律，理是个别事物发展的特殊规律，道与理是统一的，因此，人们必须遵循客观规律而活动。韩非对辩证法思想的发展也做出了贡献，他首先提出"矛盾之说"，他认为"物之一存一亡，乍死乍生，初盛而后衰者，不可谓常"（《韩非子·解老》）。但是，他的学说因为过多地强调了矛盾对立的斗争，从而把矛盾对立绝对化了。

以邹衍为最重要代表人物的阴阳家，其特长是"深观阴阳消息"。所谓阴阳消息，即阴盛则阳衰，阳盛则阴衰，矛盾双方互为消长，一生一灭，构成自然运动发展的终极原因和基本方式。运用阴阳消长模式来论证社会人事是阴阳家的一大创造，而从时空的流转变化中去把握世界则是阴阳家独具特色的思维方式。

创立诸子百家的孔、墨、老、庄，都是中国传统文化史上的第一批百科全书式的渊博学者，他们以巨大的热情、雄伟的气魄和无畏的勇气，开创学派，编撰、修订《易》《书》《礼》《春秋》等中国传统文化的元典性著作，并对宇宙、社会、人生等无比广阔的领域发表纵横八极的议论。正是经由各具特色的诸子百家的追索和创造，中国传统文化精神的各个侧面才得到充分展开和升华，中华民族的文化走向才大致确定。德国学者雅斯贝尔斯将春秋战国时期称为中国传统文化的"轴心时代"。

第二节 统一与变异：秦汉魏晋

一、中国传统文化的统一

中国历史中的秦汉王朝是霸气外显、气势宏大的。秦帝国是与包含地中海的罗马帝国、南亚次大陆的孔雀王朝并立的世界性大国；汉朝帝国的版图与事功更是在秦之上，与其同时并立的世界性大国只有罗马。

秦汉帝国的盛大根植于新兴地主阶级的勃兴与发展。由统治阶级精神状况所决定的社会文化基调也处于一种开拓创新的亢奋之中，宏阔的追求成为秦汉文化精神的主旋律。绵延万里、巍然千秋的秦长城，"覆压三百余里，隔离天日"的阿房宫，气势磅礴、规模浩大的兵马俑，水域总面积超过北京颐和园的昆明池，"包括宇宙、总揽人物"的汉赋，以百科全书式的恢宏眼光光照历史的《史记》，无不是在秦汉宏阔文化精神的统摄下产生出来的辉煌成就。

秦汉时代，中国传统文化从东、南、西三个方向与外部世界展开了多方面、多层次的广泛交流，其中最著名的文化活动是汉武帝时期的张骞出使西域。通过"丝绸之路"，中国产品远抵西亚和欧洲，西域乃至印度的文明成果，也源源不断地涌进中国，中国传统文化因此增添了灿烂的色调和光彩。

（一）秦朝儒法之争

秦朝初年,战国时期刚结束,百家仍然处在争鸣中,思想领域内极度混乱。而一个国家能在多大程度上统一,主要取决于多大程度上统一思想并形成共同的价值观。因此,秦统治者在建立一统天下的秦帝国的同时,积极致力于思想文化的统一。当时最大的两种思想潮流就是儒家和法家,儒家是尊古的,而秦始皇统一中国偏偏是新事物,推行的制度也都是新措施,这些东西都是不符合儒家理念的。当时的六国贵族,也借着儒家的"克己复礼"的思想妄图恢复西周的分封制,从而取得失去的权势。所以,对于刚刚统一的秦朝来说,统一思想就是维护大一统局面的关键措施。因此,秦始皇在找到了几个儒生之后,一场统一思想的文化运动就开始了。公元前213年,秦朝丞相李斯进言,说诸子百家"入则心非,出则巷议,夸主以为名,异取以为高,率群下以造谤"(《史记·秦始皇本纪》)。于是,秦始皇于当年开始销毁除法家以外的其他诸子百家的著作,直到公元前207年秦朝灭亡,史称"焚书"。这一事件造成中国传统文化史上的一次空前浩劫,战国时代蓬勃发展的自由学术空气窒息,广袤的思想原野上,万马齐喑。

（二）汉初儒道冲突

西汉初期统治者在吸取了秦朝灭亡的教训后,对于确立什么样的统治思想及其理论基础,仍然处于摸索之中,地主阶级内部不同利益集团之间的争论还在继续。汉高祖初定天下之时,任用的人主要是武将功臣,对儒家持轻蔑态度。惠帝、义帝和景帝等都崇尚黄老之学,采取"无为而治"的统治政策。

黄老思想是在肯定统一王朝的统治秩序，承认君臣关系不可改变的前提下，极力主张"无为而治"，认为统治者应该少作为，这样就能缓和社会矛盾，稳定统治秩序。在这种思想的指导下，汉初统治者采取了"顺民之情，与之休息"（《汉书·艺文志》）的政策，以适应恢复生产、稳定统治秩序的需要。

由于汉初统治者选用了黄老思想作为其统治思想，而在不同程度上对儒家思想采取排斥态度，儒、道冲突的事件在文帝、景帝和武帝时连续发生，并且表现得相当尖锐。景帝时期，道家黄生与儒家博士辕固生就商汤和周武王是"受命"（秉承天命）还是"放杀"（弑君篡位）等问题产生了一场激烈的争论。由于黄生强调君臣上下之分不可颠倒，驳斥了辕固生的儒家旧义，得到了景帝的支持，这场争论以儒家被黜而告终。从此，"学者莫敢明受命放杀者"（《史记·儒林列传》），说明了儒家被压制的情况。接着，辕固生又因评价《老子》一书，直接冲撞了窦太后，几乎丧生于野猪之口。王臧、赵绾在武帝即位时，建议依周礼"立明堂以朝诸侯"（《史记·儒林列传》），触怒了太皇太后窦氏，命其自杀。这些冲突说明了儒道互绌。

（三）西汉儒学独尊

秦始皇的文化专制政策以其酷烈性而激起后世儒生士大夫的反复抨击。然而，实行思想统一乃是君主专制制度下无可回避的历史任务，正因为如此，当西汉王朝取得政治上的稳定和经济上的繁盛之后，统一思想的课题便再次被提出，其倡导者就是有"汉代孔子"之称的董仲舒。他向汉武帝建议说："今师异道，人异论，百家殊方，指意不同，是以上亡以持一统……臣愚以为诸不在六艺之科、孔子之术者，皆绝其道，勿使并进。邪辟之说灭息，然后统纪可一而法度可明，民知所从矣。"

董仲舒关于"六艺"的态度，与李斯向秦始皇所上《焚书议》中的态度截然相反，但就禁绝异端、发扬帝王一统意志而言，董仲舒与李斯可谓异曲同工。他们两位都是在统一的专制帝国建立后，设计"大一统"思想体系和文化形态的主要智囊人物。以"六经"为指针，高举"崇儒更化"的旗帜，寻找到了与君主专制制度比较吻合的文化形态，其"独尊儒术"的主张因而不仅被汉武帝采纳，正式确立儒学在官方主流意识形态中的独尊地位，而且在汉至清的近两千年间行之久远。

（四）官方经学兴起

西汉统治者既尊《诗》《书》《礼》《易》《春秋》为"五经"，复"立五经博士"，并推行"以经取士"的选官制度，天下学士多靡然风从，传经之学和注经之学成为专门学问。这就是汉朝至清朝的官方哲学——经学。

武帝以后，政治、思想、文化领域都成为儒家经典的一统天下，但是经学内部却因学术派别不一，爆发出了今古文经之争。

所谓"今文经"，即朝廷为了便于经学流播，下令收集流散于民间的、口头流传的儒家著作，写为定本，作为传述的依据。由于这些经书系用当时通行的隶书记录整理，遂有"今文经"之称。所谓"古文经"，即鲁恭王刘余、北平侯张苍、河间献王刘德等人通过种种途径所发现的儒家经书，这些经书系用古籀文写成，故称"古文经"。

自西汉末古文经出现，学者内部就分为"今文经学""古文经学"两大派，他们不仅围绕今文经与古文经的版本、文字以及真伪展开激烈争论，而且在学术观点以及学术研究的原则、方法上也有重大分歧。概括来说，今文经学的特点是政治的，讲阴阳灾异，讲微言大义；古文经学的特点是历史的，讲文字训诂，明典章制度，研究经文本身的含义。前者主合时，后者主复古。前者学风活泼，而往往流于空疏荒诞；后者学风朴实平易，但失之烦琐。

从武帝时代直到西汉末，今文经学都居"官学"正统地位。在今文诸经中，《春秋公羊传》尤为重要，以治《春秋公羊传》起家的董仲舒，在著名的今文经学著作《春秋繁露》中，淋漓尽致地阐述了"天人感应"、阴阳五行、"三统"循环等学说，从而建构起天人一统图式，对中国传统思想文化产生了至为重要的影响。

二、中国传统文化的变异

汉末董卓之乱，犹如一股强劲的旋风，使本已摇摇欲坠的汉王朝终于土崩瓦解，军阀割据、王室贵族自相残杀，一场长达近四百年的战乱由此展开，政治舞台上角色的更迭如走马灯般令人眼花缭乱。在全国范围内，先有魏、蜀、吴三国鼎立，继之而起的西晋命祚短促。随西晋灭亡而来，在北方先有十六国割据，后有北魏、东魏、西魏、北齐、北周等政权的更替；在南方，则有东晋、宋、齐、梁、陈诸王朝的起伏更迭。

战乱与割据打破了帝国的一元化政治与集权式地主经济体制格局，定型于西汉中期的以经学为主干、以儒学独尊为内核的文化模式崩溃，取而代之的是生动活泼的文化多元的发展局面。

（一）玄学的兴起

"有晋中兴，玄风独振"，玄学是魏晋时期崛起的一股新的文化思潮。玄学的产生是从西汉到魏晋思想上的一个重要变化。

玄学是由老庄哲学发展而来，其宗旨是"贵无"，其最高主题是对个体人生意义价值的思考。玄学在主体面貌上与两汉儒学大不相同。两汉儒学着眼于构建实实在在的王道秩序与名教秩序，玄学却以探求理想人格为中心课题；两汉儒学热衷于"天人感应"的神学目的论，魏晋玄学却从汉代的宇宙论转向思辨深邃的本体论。玄学的兴起，对魏晋文化思潮产生了深刻影响。

首先，玄学的思维特点是超脱多样化的现世实物而直接诉诸本体。对本体的思考，对无限的思考，当然不能依靠纯经验性的观察，而必须运用抽象的哲理，一股力度超过以往任何时代的思辨新风注入了中国传统哲学的躯体，使之产生了新的勃勃生机。魏晋学术亦因此而富有谈玄析理的色彩。

其次，玄学虽然以超越有限达到无限为根本，但玄学家所说的达到"无限"，是在现实的人生之中，特别是在情感之中，去达到对无限的体验，这就使玄学与美学内在地联结在一起，成为魏晋美学的精魂。魏晋时期兴起的"重神理而遗形骸、重自然而轻雕饰"的美学观念，以及新兴的山水诗与山水画等，便深深浸染着玄学风采。

最后，玄学作为一种本体论哲学，其现实意蕴乃是对魏晋人所亟亟追求的理想人格作理论上的建构。在"贵无"思想的深刻影响下，魏晋士人或徜徉山水，"琴诗自乐"，追求一种"萧条高寄"的生活；或"动违礼法""以任放为达"。陶渊明与"竹林七贤"便分别是以上两种行为方式的代表。在魏晋士人的推动下，老庄之学"轻人事、任自然"的价值观以前所未有的规模占据中国知识分子的心灵世界，进而铸造了中国士人玄、远、清、虚的生活情趣。

（二）文化的激荡

儒、玄二学在魏晋时期冲突甚为剧烈。玄学推出之初，便大有"与尼父争涂"的势头。玄学之士"以老庄为宗而黜六经"（《晋书·孝怀帝纪》），儒学之士则谴责玄学家"好谈老庄，排弃世务，崇尚放达，轻蔑礼法"（《晋书·卞壶传》）。但是儒、玄二学虽然相互排斥，却也有相互吸收的一面。一些儒者注意到老庄之学具有救名教伪弊之功，玄学中也出现了推动玄学向儒学靠拢的修正派。"儒玄双修"之士的大量涌现体现出那一时期儒、玄合流的趋势。

魏晋南北朝时期儒、玄的相互冲突、相互融合，造成意识形态结构的激烈动荡。这一时期，因匈奴、鲜卑、羯、氐等北方少数民族入主中原而引发的文化的大规模冲突，更使魏晋南北朝的文化呈现多样性、丰富性。在文化的多重碰撞与融合中，中国传统文化得到多向度的发展和深化，强健而清新的文化精神大放异彩。

第三节　转型与融会：隋唐宋元

公元7世纪，杨隋和李唐相继开疆拓土，军威四震，建立起东临日本海、西至中亚西亚的隋、唐大帝国。在空前壮阔的历史舞台上，中国传统文化进入了气度恢弘、史诗般壮丽的隆盛时期。

隋唐文化的恢宏气象，与地主阶级结构的深刻变化密切相关。魏晋时期，活跃于政治舞台上的是门阀士族地主阶级，他们凭借门第、族望而世代盘踞高位，享有各种政治、经济特权，"高门大姓"以外的庶族或寒门则进身不易。然而，门阀士族势力在隋唐时期急剧没落。给予门阀地主以致命打击的首先是摧枯拉朽的隋末农民起义，继之而来的则是杨隋和李唐政权所推行的包括均田制、"崇重今朝冠冕"及科举制在内的一系列全面压制门阀士族的改革措施。在门阀士族没落的同时，大批中下层士子由科举入仕，参与和掌握各级政权，从而在现实秩序中突破了门阀士族的垄断。

隋唐之际，在巨大社会结构变动中登上中国传统文化舞台的庶族寒士是正在上升的世俗地主阶级中的精英分子，他们对自己的前途与未来充满自信和热情。唐代文化因此而具有一种明朗、高亢、奔放、热烈的时代气质。

一、中国传统文化的定型

（一）有容乃大的文化气派

以强盛的国力为依据，以朝气蓬勃的世俗地主阶级知识分子为主体，唐朝文化首先体现出来的是一种无所畏惧、无所顾忌的兼容并包的宏大气派。一切因素、一切形式、一切风格，在唐朝文化中都可以恰得其所，与整个时代相映生辉。

此外，唐文化的宏大气魄还体现在以其博大的胸襟广为吸收外域文化。南亚的佛学、历法、医学、语言学、音乐、美术，中亚的舞蹈，西亚和西方欧洲国家的医术、建筑艺术及马球运动等，如八面来风，从唐朝开启的国门一拥而入，首都长安则成为那一时代文化汇聚的中心、一个具有盛大气象的世界性都市。唐文化对外域文化的大规模吸收，不仅在中国传统文化史上，而且在世界文化史上均可称为卓越范例。英国学者威尔斯在《世界简史》中比较欧洲中世纪与中国盛唐时的文化差异时说："当西方人的心灵为神学所痴迷而处于蒙昧黑暗之中，中国人的思想却是开放的，兼收并蓄而好探求的。"

所谓"有容乃大"，正是唐文化超越前朝的特有气派，是唐文化金光熠熠的深厚根基。

（二）唐宋时期的文化转型

"渔阳鼙鼓动地来，惊破霓裳羽衣曲。"（白居易《长恨歌》）爆发于公元755年的安史之乱，引发了中国古代封建社会内潜藏已久的种种危机，中国传统文化也由此出现了一个大的流转，即从唐型文化转向宋型文化。

所谓唐型文化，是一种相对开放、相对外倾、色调热烈的文化类型。李白的诗、张旭的狂草、吴道子的画，无不喷涌奔腾着昂扬的生命活力；昭陵石雕中雄壮健伟、神采飞扬的"八骏"，乾陵石雕中健壮雄伟的石狮，李爽墓中双手握拳、昂首挺胸、足踏怪兽、远眺怒吼的陶天王俑，无不透露着大气盘旋的民族自信。所谓宋型文化，则是一种相对封闭、相对内倾、色调淡雅的文化类型。宋代理学着意于知性反省，造微于心性之间；两宋古文舒徐和缓，阴柔澄定；宋词婉约幽隽，细腻雍容；宋诗如纱如葛，思虑深沉；宋代建筑尚白墙黑瓦，槛枋梁栋，不设颜色，专用木之本色；宋代瓷器、书法、绘画脱略繁丽丰腴，尚朴澹、重意态，即如宋人服饰，也"惟务洁净"，以简朴清秀为雅。

从唐型文化转向宋型文化，自有其复杂的政治、经济、文化动因，而这种基础性的变革，早于中唐便已见其端倪。

从中唐开始，中国的宗法专制社会经济结构发生了巨大变迁。以杨炎"两税法"的财政改革为法律标志，土地国有制——均田制崩溃，庶族地主经济与小自耕农经济迅速发展，直至占据社会经济的主体地位。与此同时，世俗地主亦取代门阀地主，成为历史舞台上的主角，这一态势至赵宋更被加以确定性地推衍。如果说以世俗地主为主角的历史大戏在初唐帷幕初揭，那么，中唐到晚唐是帷幕大开，迨至北宋，则是乐鼓高奏，舞影缭乱，主角隆重登场。

庶族地主经济的发展以及世俗地主力量的壮大，具有深远的文化意义。

首先，不同于六朝门阀士族统治以人身依附为特征的前期宗法专制制度，中唐以后，由于土地私有制的普遍发展，使广大的社会阶层取得了某些相对独立的经济地位与政治地位，个体的主体价值意识和人格意识较以往更为自觉与明朗。

其次，以广泛世俗地主阶级与广大自耕农经济为基础建立起来的后期皇权政治，在扫荡了分裂割据的诸种因素后，趋向极端专制集权。由于董仲舒"天人感应"的学说早已不适应快速发展的社会经济政治，后期宗法制度迫切需要一种新的哲学政治理论，来作为社会纲常秩序以及王朝官僚体系的维系力量。

最后，世俗地主阶级比六朝门阀士族拥有更为广泛的社会基础和众多的人数。为适应这样一个广大的基础，宋代教育在教育对象上打破严格的门阀贵族的限制，显示出一种平民化、普及化的趋向。在科举制度上，宋代科考与唐代相比，更具有开放性。宋代君主常常亲自主持考试，并严格把关，限制势家子弟在科考中获得任何特殊待遇，如宋太祖亲自规定："食禄之家，有登第者，礼部具姓名以闻，令覆试之。"又言："昔者，科名多为势家所取，朕亲临试，尽革其弊矣。"（《宋史·选举志》）对寒士参加考试，朝廷则大开绿灯：一方面，予以经济补助，"自启程以至还乡费，皆公家"；另一方面，则扩大取士名额，如北宋末年一次取士达八百人，超过唐开元盛世期间二十九年取士的总数。在学校制度上，宋代学校不仅扩大招生名额，而且放宽学生入学品级等次限制，如太学生，唐代规定必须是五品以上官员子孙，但宋代则规定是"八品以下子弟若庶人之俊异者"；国子生，在唐朝是以文武三品以上及国公子孙为之，但宋朝则是以京朝七品以上子孙为之。儿童启蒙教育也随之有突出发展，著名的《三字经》，就是出自宋代王应麟之手。

这样，宋朝上自皇帝本人、官僚巨室，下到各级官吏、地主士绅乃至一部分平民百姓，构成了一个比唐朝远为庞大也更有文化教养的阶层，他们在思想文化领域开展多样而全面的开拓，创造出了"郁郁乎文哉"的宋文化盛象。

由中唐开始的后期宗法专制社会基本上呈现出国势衰减之态。"安史之乱"后的唐朝，在贞元年间曾有短暂喘息，但随即转入空前战乱之中。宋太祖虽重建一统王朝，但始终为强悍的契丹与党项羌人所困扰。对外战争中的一败再败，使得宋王朝不得不在赔钱纳绢之外还奉献出燕云十六州，以求得一时的安宁与平静。"安史之乱"后的社会动乱以及北宋的貌似繁华而又虚弱，在士大夫心灵上投射下沉重的阴影。他们迷惘、困惑而又满怀忧患，沉重的失落感导致深重的心理危机。一部分经世意识浓厚的士大夫在对现实痛心疾首之际，反省人生意义、宇宙社会秩序以及历史文化的发展。柳宗元、刘禹锡之论天，韩愈、柳宗元、沈既济之论史，柳宗元、韩愈之论儒佛，元稹、白居易之刻意强调诗人的社会责任以及其后的理学建构，无不是充满社会责任感的、富有积极意味的反省与选择。另一部分士大夫则不同，他们在社会文化由盛转衰巨变的刺激下，突然感到自信心的崩溃与人生理想的破灭，为了寻求新的心理平衡，他们逃遁、退避于现实世界之外，着意于心灵的安适与更为细腻的感官享受，形成精致细腻的士大夫文化。这一将人生理想的追求方向由外向内的心理倾向日益强大，最后支配前一种入世经世的思维路径，造成宋型文化乃至后期中古文化的内倾、封闭的心理特征。

（三）两宋理学的成功构建

以中晚唐日益壮大的儒学文化复兴为前导，以韩愈、李翱开启的由外向内的经学思想转化，由斥佛、排佛到援佛入儒为契机，北宋诸子经过多方面努力，终于创建了中国后期中古社会最为精致、最为完备的理论体系——理学。

理学，亦称新儒学、道学或宋学。究其本质，实是一种以儒学为主体，吸收、改造释、道哲学，在三教思想精髓基础之上建立起来的伦理主体性的本体论。两宋理学不仅将纲常伦理确立为万事万物之所当然和所以然，亦即"天理"，而且高度强调人们对天理的自觉意识。为指明自觉认识天理的途径，朱熹精心改造了汉儒学说，编纂了《大学》，突出了"正心、诚意"的修身公式："古之欲明明德于天下者，先治其国；欲治其国者，先齐其家；欲齐其家者，先修其身；欲修其身者，先正其心；欲正其心者，先诚其意；欲诚其意者，先致其知；致知在格物。"从格物到致知，实质上是将外在规范转化为内在的主动欲求，亦即伦理学上的"自律"，有了这一自律，方有诚意、正心、修身乃至齐家、治国、明德于天下的功业。

理学一经形成，便对中国传统文化产生极为深刻的影响，理学所展开的伦理学主体性的本体论，将中国传统文化重伦理道德的传统精神推到极致，从而引出了极为复杂的文化效应。

首先，理学促成了礼治秩序的重建。"礼"是中国传统文化强劲的意识形态，由古人的祭祖仪式发展而来，经孔子、孟子、荀子以及董仲舒等哲学家的反复改铸，最终形成具备完整哲学体系与礼仪程序的礼治秩序，强有力地规范着人们的是非善恶观念、心理情操以及生活行为。

然而，东汉末年以来，由于社会政治长久动荡不安，以及南亚佛教的传入和少数民族胡文化的大规模渗入，礼治秩序趋向式微。魏晋南北朝时期的反礼法思潮活跃一时，隋唐时期人们的礼法观念也颇为薄弱。此种情形至理学推出才为之一变。

理学家们立足于"理"本体说，对礼治哲学展开了新的阐述，将"理"与"礼"的关系解释为本末、文质的关系。朱熹更将"礼"明确指认为"理"的外在程序："礼者，天理之节文，人事之仪则也。"（《大学章句》）"礼"实际上通过形形色色的文饰和形式来体现天理的等级规定，执行天理原则对人的节制，使人的行为符合道德规范，从而使"理"的原则在社会生活的各个层面中得以实现。理学家们对"礼"的重新诠释，使"礼"在以"理"为最高规范的伦常系统中获得至关重要的地位，使"礼"的权威性与普遍必然性在更高的层次上得以确认。

其次，理学使得"内圣"经世路线高扬。理学对后期中国传统文化的又一深刻影响，便是将传统的"内圣"之学提到空前的本体高度，从而造成中国经世路线的转向，进而规范中国传统政治文化心理。

经世即治世，是中国儒学的传统精义。在原始儒学中，它既包括主体自觉的"仁"，即"内圣"之学，也包括客观功业的"圣"，即"外王"之学，儒学创始人孔子便主张两者系于一线，不应相互割裂。然而孔子以后，"内圣"

与"外王"之学发生分歧。孟子着力发挥孔子经世学说的另一侧面——内在的"仁"学。它强调，意欲经世，必须先"修身、治家"、知"礼"识"仁"，然后才能谈得上"治国、平天下"。孟子的性善论、养气论、仁政论等等，都力图说明只有内在的道德品质才是出发点、立足点和本质关键所在。而荀子则力主"外王"之学，着意于强调"制天命而用之"（《荀子·天论》）的外部世界的征服，以及"一天下，财万物，长养人民，兼利天下，通达之属，莫不从服"（《荀子·非十二子》）的充满事功成就的"圣王之迹"。

应该说，自秦汉至唐宋以来，"内圣"之学并非十分盛行，秦皇、汉武、宋祖们等实践着"外王"经世路线，赢得了空前显赫的威权和功业。然而，随着君权的日益强化，统治者发现，仅有外在事功是不够的，也是不牢固的，还需要按照某种特定模式塑造人们的灵魂，训练勤谨而又安分的百姓。士人们则意识到，欲实现儒家政治理想，除了教化百姓、培养恪守礼义的顺民外，还应有一种关于心灵修养的学说来教化统治者，甚至是皇帝本人，通过"格君心之非"（《孟子·离娄上》）促使其"行善政"。

以"内圣"为本的思想路线对中国传统文化的深刻影响，首先体现在它将中国政治完全纳入道德的范畴。诚然，原始儒学自诞生之日，就表现出强烈的政治道德化的趋向，但是，两者并未完全合一。两宋理学则将"正心、诚意、修身、齐家"提到空前的本体高度，使"外王"的政治活动从属于"内圣"，以"内圣"为主旨，从而造就出一个政治全然从属于道德的中国式的政教合一的统治系统。

由于理学家将内在身心修养推为最高实在本体，力主心性论谈高于治平方略，圣贤地位胜过世俗功勋，因此，一切讲求事功或主张变革的人物或活动自然遭受巨大抨击。诸葛亮、王安石等事功型人物屡受理学家们贬斥，其原因就在于此。此种致思趋向的延伸，强化了中国传统的"重义轻利"的观念，使理学在现实社会发展和政治制度的改革中扮演了保守派乃至反动派的角色。

最后，理学利于理想人格的建立。宋朝理学在给民族文化、民族进步带来伤害的同时，也在民族传统中留下了积极成分，那就是道德自觉的理想人格的建立。理学是一种伦理学主体性的本体论，它孜孜以求"立志""修身""涵养德性，变化气质"，以完成"内圣"人格。所谓"内圣"人格，是中国传统文化精神在传统社会中的最高表现形式，其意蕴有三：一曰"孔颜乐处"。其实际上是说圣贤之乐不在外物，而在自我，是一种不为物欲所困的主体内在之乐，是一种"饭疏食饮水，曲肱而枕之，乐亦在其中矣。不义而富且贵，于我如浮云"（《论语·述而》）的知足、淡泊的清远心境。二曰"民胞物与"。它体现出一种广阔的宇宙意识。中国知识阶层正是在这种意识下，迸发出强烈的社会道德责任感与庄严的历史使命感，从而将个人人格的完善，置于大众群体人格的完善之中。三曰"浩然正气"。理学强化了中华民族注重气节和德操、注重社会责任与历史使命的文化性格。张载庄严宣告"为天地立心，为生民立命，为往圣继绝学，为万世开太平"；顾炎武在明清易代之际发出"天下兴亡，匹夫有责"的慷慨呼号；文天祥、东林党人在腐朽政治势力或异族强权面前，正气浩然、风骨铮铮。这些无不浸染了理学的精神价值与道德理想，成为中华民族精神文化的脊梁。

二、中国传统文化的融合

从唐末五代开始，西北草原大漠的游牧民族再次对中原农耕民族发动了规模巨大的撞击。伴随着宋王朝的建立，契丹、党项、羌、女真也相继在东北、华北和西北建立政权，形成了北宋、辽、西夏，南宋、金、西夏对峙的格局。13 世纪初叶，"一代天骄"成吉思汗崛起于大漠，剽悍的蒙古铁骑南征北战，建立了大蒙古国。其后代在 1271 年建立了元朝。在这场瞬息万变的历史大变动之中，中华民族与中国传统文化展示出包容万千的生命活力。

（一）游牧与农耕文化互动

宋型文化虽然细腻丰满，但在气魄上远不及唐型文化闳放。唐太宗李世民以"天可汗"的尊称威慑周边各族，而宋太祖赵匡胤却对北方虎视眈眈的契丹束手无策，充其量只能中气不足地喝一声："卧榻之侧，岂容他人鼾睡！"而他的后继者则在草原民族的强劲出击面前窘迫万分，手足无措。

契丹、党项、羌、女真以及后来的蒙古势力对两宋的长期包围与轮番撞击，产生了双重文化效应。一方面，两宋人因被动挨打或国亡家破而产生的忧患意识，渗透于宋文化的各个方面。李清照、岳飞、陆游、辛弃疾等优秀词人的忧患之作与悲愤之唱，范仲淹与王安石所推行的变法，无不是这种文化孕育的产物。另一方面，契丹、党项、羌、女真等游牧民族从汉文化中吸取到丰富营养。在辽朝，政治路线上采用"以国制治契丹，以汉制待汉人"（《辽史·百官志》）的政策；在文化路线上却遵循"单轨制"，即全面采纳中原地区的汉文化，并沿着汉文化的轨道发展本族文化。以孔子学说和儒家经典作为其政治、文化的主导思想,受到朝野上下的尊崇。《史记》《汉书》《贞观政要》等汉文化名著被译成契丹文字,广为流行。在北方建立金国的女真人,亦建立起以汉文化为主干的文化机构,表现出对汉文化的强烈渴求。建立西夏的党项羌人在和汉族的频繁交往与接触中,日益深刻地受到汉文化的熏染,任用汉族贤才,读汉族书籍,用汉族车马,行汉族法令。元朝忽必烈虽遇重重阻碍,但仍然坚持推行"汉法"。

在汉文化深深渗透于少数民族政权的政治、文化结构之际,少数民族的统治者也并未迁移或放弃本民族的传统。如西夏,一方面有"汉礼",另一方面又有"蕃礼";宣传"女真旧风最为纯直"(《金史·世宗纪》)。然而,文化的互动是由人的互动来完成的,中原的文化人大规模地流入游牧民族社会的各个层面,促成了各民族文化结构中汉文化主流地位的建立。

(二)元杂剧及其文化意义

元杂剧是一种在北方地方戏院本和宋金诸宫调相结合的基础上发展起来的戏剧形式。余秋雨在《中国戏剧文化史述》中指出,元杂剧在精神上有两大主调:一是倾吐整体性的郁闷和愤怒,二是讴歌非正统的美好追求。前者如《窦娥冤》《蝴蝶梦》等剧,直接贴近百姓们渴求正义而不得的心态。元杂剧中鬼神相当活跃,他们惩治恶棍,执着申诉自己在人间所蒙受的不白之冤,这仍是一种倾吐郁闷与愤怒之情的方式;元杂剧中还有不少历史题材剧目,它们有的以重大历史事件为主干,有的以著名历史人物为主干,而对往昔的追忆与对历史的缅怀仍然是针对现实而发的满腔忧愤、满腹牢骚,是一种对足以使人民和民族为之一振的浩然正气的悠远的呼唤。元杂剧艺术家不仅愤激地谴责黑暗，凝重地倾吐郁愤，而且还以一种充满希望的热情，去讴歌非正统的美好追求。正是这种讴歌推出了一大批爱情婚姻剧，如"天下夺魁"的《西厢记》，在中国传统文化史上揭开了别开生面的一页。

元杂剧的繁盛，标志着中国戏剧艺术的成熟。自此，中国真正成为世界上的一个"戏剧大国"。作为中国传统文化土壤中产生出来的艺术样式，元杂剧毫无例外地表现出了中国传统文化的固有特征。从表现手段来看，元杂剧主要是以文采和音乐曲调来取得戏剧效果，其形式是叙事诗，其基调是抒情，而情节的推移，往往在戏剧构架中只有"过门"的性质。简而言之，元杂剧是借用市井文字的架构，灌注诗歌抒情的传统精神，这种风貌与西方戏剧的注重戏剧性、情节构造充满万钧张力显然大不相同，属于不同的文学样式。

（三）规模盛大的文化交流

忽必烈建立的元朝，是一个版图空前广阔的帝国。其疆域"北逾阴山，西及流沙，东尽辽左，南越海表""东南所至，不下汉、唐，而西北则过之"（《元史·地理志》）。在这片广袤的文化场中，中国传统文化与外域文化的交流融合以宏大的气势展开。

亚欧大陆的沟通，亦为东方和西方旅行家远游提供了极大的方便。公元1275—1291年，中国大地上留下了南欧旅行家马可·波罗的足迹，这位威尼斯商人回国后口述了《马可·波罗游记》。书中，他用梦幻般的语言，向西方人娓娓动听地描述了中国的美丽、富饶和繁荣，从此，东方的中国成为西方人心目中遥远的梦。哥伦布、达·伽马、麦哲伦远渡重洋，开辟新航道，都是在全力追寻这样一个遥远的梦。这一时期，中国人对外部世界的了解也有了新的拓展。航海家汪大渊两次航行印度洋，他称颂地跨亚、非的马克鲁王朝"兵马壮盛、居民富庶"。中国景教徒苏马在1287—1288年间充当伊儿汗派往罗马和巴黎的大使，游历欧洲，归国后，苏马将他的见闻写成游记，意大利和法国的奇风异俗都在书中得以展现。元朝中外文化交流虽在规模上远远超过前朝，但在东西方世界的相互认识上，却还处于浅显的"印象"层次，这显然与两个世界的接触仅仅局限于表层大有关系。双方的文化影响也只体现在"物质"层面，而非"思想"层面。

元朝对外部世界的大规模开放，使大批波斯人、阿拉伯人迁居中国，他们之中有不少科技人才。异邦的先进科技，尤其是当时处于世界领先水平的阿拉伯的天文学、数学，以他们为媒介，流入中国科技界。元朝天文学家郭守敬在发展中国传统天文学的基础上充分吸取阿拉伯天文学的优秀成果，制定了中国历史上使用时间最长的《授时历》；阿拉伯数字渐入中国数学界与中国社会；欧几里得的《几何原本》经阿拉伯算学著作介绍，成了元朝数学书中的命题和结算理论；阿拉伯的医药和建筑也在同时期颇有影响力。

在外域文化传入中国的同时，中国传统文化向西传播的速度也大大加快。中国四大发明之一的火药，也先传入阿拉伯，再传入欧洲，对欧洲社会的变革起了巨大的推动作用。指南针传入欧洲，推动了欧洲航海的大规模展开，成为哥伦布等航海家地理大发现的必要技术手段。中国印刷术也在元朝时期经由波斯以及埃及传入欧洲。15世纪中叶的威尼斯成为当时欧洲印刷业的中心。借印刷术之力,欧洲文化教育从修道院的狭隘天地中解放出来,为新兴市民阶级发动文化上的革新提供了广阔的天地。中国历法、数学、瓷器、茶叶、丝绸、算盘等亦都通过不同途径西传,进入阿拉伯,进入欧洲。世界文化的总体面貌更为辉煌灿烂。

第四节 专制与启蒙:明清

先秦文化具有一种神秘气氛中憧憬图腾的特质,在意气风发的开拓中,先秦哲人创造了中国传统文化的"轴心时代"。汉唐文化具有一种大开大合的气概,在多元文化的交流融合中,汉唐文化推出丰盈灿烂的"黄金时代"。而宋文化则具有一种"老僧"性格:澄怀味象,沉静而内敛。至明清时代,中国农业宗法社会文化则显现出典型的沉暮特性。

明清是中国君主专制制度登峰造极的时代,文化专制亦空前严酷地钳制着思想文化界。

明清文化专制的突出表现是文字狱盛行。朱元璋以文字之"过"而"纵无穷之诛",大批儒生、士大夫因文字而遭横祸。如浙江府学训导林元亮所作《谢增俸表》中有"作则垂宪"之语,常州府学训导蒋镇所作《贺正旦表》中有"睿性生智"之语,朱元璋均以"则"为"贼",以"生"为"僧",

认为是讥讽他参加过红巾军,当过和尚,从而大开杀戒。清朝文字狱更有过之,文人往往因"疑似影响之词,横受诛戮"。庄廷龙《明史稿》案、戴名世《南山集》案、吕留良文选案,均是康雍时期发生的轰动全国的大案。

明朝统治者一手推行文字狱,在文化领域制造恐怖;另一手则崇正宗,灭异端。朱元璋多次昭示,士人必须"一宗朱子之书""非濂、洛、关、闽之学不讲"(《东林列传·高攀龙传》),又规定科举考试一律以朱熹的注为标准答案。于是,明初学术界成为程朱的一统天下,士子一味"尊朱""述朱",凡"言不和朱子,率鸣鼓而攻之"(《名山藏·儒林传》),程朱理学被推上至尊地位。清朝统治者在推行文化专制上也不遗余力。乾隆年间,乾隆皇帝借编纂《四库全书》的机会,全力铲除危及封建统治思想基础的"异端"学说。《四库全书总目提要》的"凡例"便开宗明义地宣布:"离经叛道、颠倒是非者,掊击必严;怀诈挟私、荧惑视听者,屏斥必力。"在直接干预《四库全书》纂修的同时,乾隆皇帝还一手操纵长达19年的禁书活动,共禁毁书籍3100多种,151000多部,销毁书版8万块以上。在"书禁亦严,告讦频起"(王芑孙《洴澼百金方》)的强大威慑力之下,"士民葸慎,凡大文、地理、言兵、言数之书,有一于家,惟恐招祸,无问禁与不禁,往往拉杂摧烧之"(王芑孙《洴澼百金方》)。中国传统文化遭到自秦始皇焚书以来的又一次浩劫。

明清两代的文化,出现了具有反叛意识的早期启蒙思潮。如以"致良知"之说打破程朱理学一统天下的王阳明,虽然其根本意旨是要修补朱学僵化所造成的缺漏，但他感应到了明中叶以来社会氛围和心理状态的变迁，从人的主动性、能动性上顺次展开对宇宙论、认识论、价值主体论的讨论，从而否定了用外在规范来人为地管辖"心"、禁锢"欲"的必要性，高扬了人的主体性，是对正宗统治思想的一种反叛，成为晚明人文思潮的哲学基础；他的门生"泰州学派"的创始人王艮以及"泰州学派"的一代宗师李贽则走得更远，已有较为鲜明的市民反对派气息；明清之际三大思想家——黄宗羲、顾炎武、王夫之，以及方以智、唐甄、颜元、戴震、焦循等人，更从不同侧面与封建社会晚期的正宗文化程朱理学展开论战，有的批判锋芒直指专制君主。

明朝中后期市民文学兴起，其理论代表是李贽的"童心说"和公安派的"独抒性灵"，代表作品为长篇小说《金瓶梅》、短篇小说集"三言二拍"等，这也是城市经济发展和某些新的生产方式萌芽的社会现实的反映。生动活泼、富于民间生活情趣的市民文学，较之明朝前期内容空虚、徒具华丽形式的"台阁体"文学，以及前七子、后七子"文必秦汉，诗必盛唐"的文学复古运动，都是一个巨大的跃进。而清朝出现的《儒林外史》《红楼梦》等作品，则在更大的程度上揭露了封建制度的弊端，将古典现实主义文学推向了高峰。

明末清初，利玛窦、汤若望等欧洲耶稣会传教士来到中国，他们在给中国人带来欧洲宗教神学的同时，也将近代的世界观念以及西方文艺复兴时期的自然科技成就广泛传播于中国学术界，打开了部分中国士人的眼界。徐光启、李之藻、方以智等以及康熙皇帝，都在不同程度上得益于外来的科技知识。近代科学思维的重要特点是实证方法和数学语言，徐光启、方以智等人通过接触西方近代科技知识，重视"质测之学"和数学语言的运用，初步显示出近代科学思维的风貌。遗憾的是，由于宗法专制社会政治结构的坚固以及伦理型文化传统的深厚，"西学东渐"的过程在明末清初进展缓慢。到了雍正年间，随着耶稣会传教士被逐出中国国门，"西学东渐"几近中断，中国对外部世界的大门日益关闭。

明清两代是整个世界格局发生剧变的重大时期，当清王朝驱逐传教士，封闭国门，陶醉于"十全武功"之时，亚欧大陆的西端，新兴的资产阶级呼唤来工业革命，瓦特发明的双向运动蒸汽机，使欧洲人获得了一盏"阿拉丁神灯"。工业革命催化了国际分工，资本以其魔力无穷的巨掌将全世界卷入商品流通的大潮之中，仍处于宗法农业社会的中国也"在劫难逃"，工业先进的西方是绝不会放弃如此巨大的一个商品倾销地、投资场所和原料产地的。中西方的冲突已成不可避免之势。1840年爆发的鸦片战争，以血与火的形式把中国传统文化推向了一个蜕变与新生并存的新的历史阶段。

第三章　中国传统文化传播的重要意义和途径

第一节　中国传统文化的现状

一、中国传统文化的基本精神

中国传统文化，是中华文明逐渐演化而汇集成的一种反映民族特质和风貌的民族文化。具有鲜明民族特色，历史悠久，内涵博大，有着以儒家文化为核心的、包含其他文化形态的兼容并蓄的特征。"中国传统文化"是一个意义很广泛的词语，它包括诸如以忠孝礼义为代表的儒家文化，诸子百家的经典观点，琴棋书画，传统诗词戏曲文学，传统节日及习俗，传统中国建筑，中医学，宗教哲学和民间工艺，等等。

中国传统文化的基本精神广博深厚，是一个包含着诸多要素的思想体系，其中包括道法自然、天人合一的宇宙观，天下为公、世界大同的社会理想，贵和执中、顺时承变的实践理念，自强不息、刚健有为的进取精神，报国忧民、先公后私的爱国情操，团结御侮、视死如归的民族气节，以德为基、以人为本、厚生利物、明分乐群的处世哲学，重文尚贤、乐善好施、直道而行、舍生取义的价值观念，讲信修睦、尊老爱幼、谦恭礼让、洁身自好的伦常操守，等等。中国传统文化的基本精神内容丰富，这里着重从"爱国重土""崇礼修德""贵和执中""自强不息"四个方面来谈一谈中国传统文化蕴涵的民族精神。

（一）爱国重土

中华民族是富有爱国主义光荣传统的伟大民族。具有深厚的爱国主义情感，是中华民族性格的一个显著特征。

1. 爱国之情发端于"尊亲敬祖"的古老传统

中国人安土重迁，敬宗拜祖。对生于斯、长于斯的故乡和辛勤哺育自己的亲人的眷恋、感恩，是人类最自然、最纯真的感情活动。中华民族因为很早就进入了生活相对稳定的农耕社会，所以家乡观念和血亲意识十分牢固。中国人的"国"的观念与"家"的观念紧密相连，而"家"与"祖"又是一脉相承的。所以爱国、爱乡、爱家、尊亲、敬祖等观念层层相扣，通过传统社会的宗法制度、里社制度等组织形式胶着在一起，在历史上稳定地发挥着民族凝聚力和向心力的作用。

2. 爱国之情源自对祖国美好河山的热爱与崇敬

祖国美丽的山山水水，生机盎然的花草树木，虫鱼鸟兽，激起一代又一代文人墨客歌咏赞颂，令无数的英雄豪杰心醉神迷。"江山如此多娇，引无数英雄竞折腰"，毛泽东同志的诗句形象地表达了中国人民的这种爱国情怀。在漫长的古代社会，中国人一直认为自己所生活的地方是天下之中，为上天所赐最美最善之地，视周围地方都远远不及中原沃土。我们的先辈在军事上主要采取守卫和防御的态势,比如,中国古代修建了万里长城,用来防御外族入侵。多数王朝推崇固边,贬斥扩张。一些所谓的"有为"君主如秦始皇、汉武帝、唐太宗、唐玄宗、忽必烈等发动侵略战争,在历史上都遭到否定性的评价。大家都熟悉的唐代诗人杜甫的《兵车行》就是谴责唐玄宗的"开边"政策的。

3. 爱国之情基于对民族团结统一的珍惜

中华民族是由 56 个民族组成的一个民族大家庭。各民族都为中华民族的形成和发展,为中华文明的传承与更新,奉献了自己的智慧和汗水。我国各民族都无限热爱自己的家园。从遥远的古代起,我国各族人民就在中华大地上共同繁衍生息,并在相互交往过程中建立了紧密的联系。各民族通过族体上的相互包容和吸纳,通过对家园的共同开发、建设和保卫,通过对中国传统文化的共同哺育和发展,逐渐形成了共同的民族特质、民族心理和文化传统。历史上,我国曾多次出现分裂和冲突的局面,但人心始终向往统一,向往团结。以统一为正常,以分裂为异常,以各民族和睦相处为盛世景象,以各民族相互争斗为衰世征兆,成为中华民族大家庭中每个成员的共识。特别是在近代中国史上,虽然有列强的挑唆利诱、威胁恫吓,但各民族始终坚持维护团结统一的大局,为了捍卫边疆领土的完整不惜流血牺牲,最终粉碎了外来势力的无数次阴谋和挑衅,保卫了祖国的统一。中国各族人民就是这样在开发和建设中华热土这块共同的家园的实践中,在相互交流和相互融合的过程中,在团结御侮、保家卫国的斗争中,逐渐形成了牢固的爱国主义传统。

（二）崇礼修德

中国向来被称为"礼仪之邦"，崇尚礼仪，讲求道德，重视和谐的人际关系和社会秩序，追求人格品行的高尚境界，是中国传统文化中最具有特色的基本精神之一。

1. 中国传统文化重视"礼义"

中华的伦理文化源远流长，从其表现上可以概括为"礼义"二字。义者宜也，也就是言行适当；礼者履也，也就是言行符合规范。二者本质上是一致的，但在具体要求上各有侧重。礼侧重于要求言行的形式合规中矩，义侧重于要求言行的内容正确恰当。我们的先人认为，礼义是人和动物区别的根本标志。"凡人之所以为人者，礼义也"、"不学礼，无以立"等类似的前贤教诲数不胜数。人们在社会交往中要讲求"礼节"、"礼貌"、"礼让"、"礼敬"。人们传颂战国时期廉颇、蔺相如"将相和"，三国时期刘备"三顾茅庐"等故事，就是因为他们的言行合乎礼义的要求。中国人素来提倡家庭和睦、朋友坦诚、尊老爱幼、扶贫济困等良好的社会风气，称道"亲仁善邻，国之宝也"，"有朋友自远方来，不亦乐乎"，"远亲不如近邻"等为人处世的格言警句，无不表现出中国人宽容忠厚、谦恭善良、彬彬有礼的文明修养。

2. "仁"是中华民族道德精神的旗帜

"礼义"是人品质的外在表现，其内在的根据是"仁"。"仁"是中华民族道德精神的旗帜，是各种道德观念中最基本的同时也是最高的大德，是世人应普遍遵循的德行标准。"仁"的出发点是"爱人"。"仁者爱人"的内在根据是人与人是同类。孔子曾说:"鸟兽不可与同群,吾非斯人之徒与而谁与?"朱熹在《论语集注》中解释说:"言所当与同群者,斯人而已,岂可绝人逃世以为洁哉?"人只有生活在人群中才能真正过上人的生活,这是人的社会属性所决定的。因此,人与人之间应该相互关爱,为人自身的生活建立良好的社会环境。从"仁"的这个基本要求出发,根据不同的人际关系和社会条件,可以派生出忠、敬、孝、友、节、义、廉、耻等一系列的道德规范。"仁"的本质是人与人相互尊重,相互关怀,善待同类,共建和谐社会。孔子依据"仁"的精神提出的"己所不欲,勿施于人"的做人道理。"仁"的精神在中华民族的历史长河中不断得到丰富与发展。无数的仁人志士在"仁"的精神的感召下,心忧他人,乐善不倦,胸怀天下,志济苍生,爱岗敬业,奉公报国。"鞠躬尽瘁,死而后已""先天下之忧而忧,后天下之乐而乐"这两则闪光的名言则体现了中华道德观的最高境界,至今仍然具有强大的生命力和感召力。

崇礼修德的精神渗透到我们民族的文化生活、理性观念乃至情感表现各个方面,积淀成中华民族精神风貌的重要构成素质,其中有许多珍品值得我们去爱护和弘扬。中国的传统思想道德建设有一条宝贵的经验,就是注重让道德观念伦常化、实践化,把它融合到家庭、学校、个人日常生活和社会交往的方方面面,渗透进大众的日常意识和信念当中,成为人们立身处世的准则和信条。

例如"修身、齐家、治国、平天下"的提法,把个人的修养、家庭的协调、国家的管理同天下的安危、世道的治乱紧密联系在一起，成为上上下下、男女老少都熟悉和信奉的日常意识和行为准则，这是中国传统文化重视道德修养的人生价值取向的一个突出特点。

（三）贵和执中

中国人自古就特别强调"和"，以和为贵；也特别重视"中"讲究中道。中和融通是贯穿中国古代哲学体系中的基本思想方法，是中国传统文化最珍贵的基本精神之一。

1. "以和为贵"及"和而不同"

所谓"和"，是指不同事物的合和、和谐、统一，对立面的相辅相成，既同且异，共聚一体，相资相长。中国传统文化追求宇宙自然的和谐、人与自然的和谐、人与人之间的和谐、自我身与心的和谐。《论语》中提出"礼之用，和为贵"的主张，《老子》中赞美"挫其锐，解其纷，和其光，同其尘"的自然美，《孙子兵法》中说"上下同欲者胜"，《孟子》认为"天时不如地利，地利不如人和"，把"人和"当作事业成败的关键。《庄子》内篇的《齐物论》和外篇的《寓言》中都提到"和之以天倪"或"和以天倪"，在中国今存的最古老的哲学经典《易传》中提出了"太和"的观念，倡导至高无上的和谐，达到最好的秩序与和谐状态。两汉董仲舒认为"德莫大于和"，把"和"上升到最高的道德境界。中国人世代以和谐为最高原则来处理各种矛盾和各方面的关系，包括"天人合一"、"家庭和睦"、人与人"亲和"、民族"协和"、国与国"和平共处"，这样才能"天下太平"。

中国的先哲们对"和"的概念有独特的见解,主张"和而不同"。西周末年的史官史伯说:"和实生物,同则不继。"他认为,"和"是多样性的统一,比如性质不同的金、木、水、火、土杂合而生百物,把完全相同的物质放在一起就不能产生任何新的东西。他主张不同事物的交融,不同意见的兼蓄。春秋时期齐国政治家晏婴说:"若以水济水,谁能食之?若琴瑟之专一,谁能异之?同之不可也如是。"他认为"和"就像五味调和才能生出美味,如果只是水里加水,则单一寡淡,无人愿食;又像八音和谐才能奏出美妙的音乐,如果琴瑟只一个音调,无人愿听。孔子丰富了"和"与"同"的概念,第一次正式提出"君子和而不同,小人同而不和"的命题,把"和而不同"作为理想人格应具备的品德。这种"和实生物""和而不同"的文化观,对中国传统文化的发展起了十分重要的积极作用。

2. 中庸之为德

中国古代的"贵和"观念,往往是与"执中"观念联系在一起的。《论语·尧曰》开篇记载先圣尧传给舜最重要的一句话是"允执厥中",舜又将此言传给禹。孔子的孙子子思在《中庸》篇首写道中也者,天下之大本也;和也者,天下之达道也。致中和,天地位焉,万物育焉。"子思这里所谓的"中",第一层意思是"忠"或"衷",是内心的忠诚、忠实;第二层意思是言行得体,方法得当,为人处事要掌握好一个度,无过无不及,不偏不倚,恰到好处。这两层意思相互关联,缺一不可。首先是忠诚,说真心话,办真实事,做实在人;其次是执中,执经用权,讲究分寸,顾全大局,把握好"度这个度，说到底就是一个"德"字。孔子说："中庸之为德也，其至矣乎！"主张以中庸的方法来推行"德治"，作为实现并保持和谐的手段，凡事"执其两端，用其中于民"，不偏向任何极端，追求对立两端的统一与合和。而"中"是以"德"为标准的，"德"又是以"礼""仁"为原则的。如果为和而和，背离了标准和原则，那也是不行的。

孟子继承孔子、子思的"中"的观念，进一步指明"执中"不是"执一"，他认为"中"是根据"道"的原则，根据形势和条件的变化，找到使"道"得到正确体现和运用的办法和路线。他说"汤执中，立贤无方"，又说"执中无权，犹执一也"。"中"是原则性与灵活性的统一，是实践的指南，而不是一个僵化的概念。为了"执中"而"执中"，那还是"执一"。"所恶乎执一者，为其贼道也，举一而废百也。"《易经》上说"天下同归而殊途，一致而百虑"，中国古代贤哲很早就意识到"道"是"一"和"多"的辩证统一，"中"就是对这种统一性的概括。

"致中和"之所以被先哲们称道为"大本""达道"，是因为"中"与"和"的结合，既能协调差异，又能使之适度规范进行，它既表现为宁静、和谐、共存，又表现为运动、互融、化生。"中"是万物自然存在的均衡状态，"和"是万物运动中的和谐状态，以"中"为度，以"和"为归，这两者辩证的统一，可以推动事物在相资相争中推陈出新。贵和执中的精神反映了中国人喜爱、希望安定、喜欢太平盛世的心理追求，也表现了中国人做事不失常理、处处讲原则的性格特征。

（四）自强不息

刚健有为、自强不息，是中华民族最宝贵的民族精神之一，是中国传统文化精神的基本内核，是人们处理天人关系和各种人际关系的总原则，也是中国人的积极人生态度的最集中的理论概括和价值提炼。

中华五千年灿烂文化始终蕴含着一种奋发向上、开拓进取的精神力量，深刻地影响着中国人的心理和品格，是我们民族生存、繁衍、发展的生机与活力。《易传》说："天行健，君子以自强不息；地势坤，君子以厚物载德。"汉代史学家司马迁说："文王拘而演《周易》；仲尼厄而作《春秋》；屈原放逐，乃赋《离骚》；左丘失明，厥有《国语》；孙子膑脚，《兵法》修列；不韦迁蜀，世传《吕览》；韩非囚秦，《说难》、《孤愤》；诗三百篇，大抵贤圣发愤为所以为作也。"无论周文王、孔夫子，还是屈原、左丘明、孙膑与韩非子，等等，他们都是身处逆境，仍然矢志不移，苦心钻研，辛勤耕耘，才创造出了光辉灿烂的民族文化瑰宝。而司马迁本人也是遭受宫刑之后，忍辱负重，发愤修志，继孔子《春秋》而作《史记》，成为"史家之绝唱、无韵之离骚"，皇皇巨著千古流传。

刚健有为、自强不息的精神，不仅在我们民族兴旺发达时期起过巨大积极作用，在我们民族危难之际也总是成为激励人们起来进行斗争的强大精神力量。中国人民表现出的坚持正义、英勇奋斗、不怕牺牲的高尚气节，惊天地，泣鬼神。中华民族信奉"士可杀不可辱""富贵不能淫，贫贱不能移，威武不能屈"的人格精神，敬奉忠义伟岸的"武圣人"关公，讴歌刚正不阿的黑面铁包公，都体现了中华民族刚健奋发、矢志不渝、百折不挠的阳刚之气。

刚健有为、自强不息还表现在中华民族开拓进取的创新精神。《礼记·大学》称赞"苟日新，日日新，又日新"。《易·革》肯定"天地革而四时成，汤武革命，顺乎天而应乎人。革之时，大矣哉！"这种"革故鼎新"、与时俱进、与时俱新的精神，在历史实践中为人们普遍接受，并促进了"顺乎天而应乎人"的社会变革，创造出悠久灿烂的文化。

二、中国传统文化发展中出现的问题

（一）中国创意速度发展较慢

在快速发展的时代，只有创意才可以保证文化的生生不息。随着世界竞争的加剧，各国都已采取多种形式推动创意产业的发展，推动文化创新以获得丰厚利益。我国传统文化民族资源丰富，但目前我国创意文化产业发展较为滞后，没有充分利用文化资源并在其基础上实现创新。

（二）现代科技对传统的冲击

在现代科技的推动下，中国生产力水平不断提高，人们为了追求更大的经济利益，把生活中的某些东西一再简化。某些古老流传下来的礼义、习俗、手工艺，放在今天的社会背景下，未免太过烦琐。例如，在现今发达的交通情况下，再也不会有"临行密密缝，意恐迟迟归"的情况。

第二节　中国传统文化与文化软实力

文化软实力是国家软实力的核心因素，是指一个国家或地区文化的影响力、凝聚力和感召力。

一、"软实力"概念的由来

软实力是近年来风靡国际关系领域的最流行关键词，它深刻地影响了人们对文化软实力国际关系的看法，使人们从关心领土、军备、武力、科技进步、经济发展、地域扩张、军事打击等有形的"硬实力"，转向关注文化、价值观、影响力、道德准则、文化感召力等无形的"软实力"。

二、文化软实力是重要国力

在经济全球化的影响下，各国的文化也呈现出交流与交锋、合作与较量的新格局，文化已经成为西方国家颠覆和控制别国、实现自身战略意图的重要工具，文化领域已经成为政治斗争和意识形态较量的重要领域。所以，大力提升本国的软实力已在国际主流社会达成共识。

三、文化软实力的比拼是价值观念的较量

文化软实力的比拼，说到底是价值观念的较量。恩格斯曾说过，文化植根于"一个民族或一个时代的一定的经济发展阶段"。独特的文化传统，独

特的历史命运，独特的基本国情，决定了我们只能走适合自己特点的发展道路。当代中国的价值观念，为中华文化注入了新的精、气、神。要加强提炼和阐释中国传统文化，拓展对外传播平台和载体，把当代中国价值观念贯穿于国际交流和传播的方方面面。

四、传统中国文化对提高文化软实力的作用

（一）传承优秀中国传统文化有利于提高文化道德修养

当今全球正处在大发展大变革时期，科学技术日新月异，各种思想文化碰撞激烈。

良好的道德修养一直是中华民族的优良传统。儒家自汉朝汉武帝时期起成为中国社会的正统思想，绵延至今已有2500余年的历史了，对中国人的德行规范影响深远。儒家把"仁"作为最高的道德原则、道德标准和道德境界，形成了以"仁"为核心的伦理思想结构，包括孝、悌、忠、恕、礼、知、勇、恭、宽、信、敏、惠等内容的道德要求。在现代社会，这些品质仍然是中国人民最珍贵的个人品质。儒家提出，只有先修身才能齐家、治国、平天下。当"鱼"和"熊掌"不可兼得时，舍生取义便成了人的自觉的选择。

道家讲"地势坤，君子以厚德载物"，注重人的责任与义务。道教提倡的伦理道德是忠孝节义，仁爱诚信。中国传统社会的传统伦理道德经过数千年的积淀，形成了中华民族的风骨和气度，培育了民族的品格和精神，既是历史发展的内在动力，也是我们建设新文化的宝贵资源。

（二）传承优秀中国传统文化有利于人与自然和谐相处

"天人合一"思想理念是中国传统文化现代价值体系中的重要组成部分。道家的"天人合一"是建立在自然无为基础上的人与自然关系的和谐，主张顺应自然，"任自然"，追求"不以人助天"，强调顺应天性。汉代大儒董仲舒提出"天人感应"的思想，把天、地和人看作是一个全息同构的体系，天人相通，互相感应。董仲舒把"天人合一"的思想推向了神秘和极端，但客观上也使中国古代"天人合一"的自然观的地位得以巩固。"天人合一"思想主张人不能违背自然、超越自然界的承受力去改造、征服、破坏自然，而只能在顺应自然规律条件下利用自然，实现人与自然的和谐相处。

（三）传承中国优秀传统文化有利于构建和谐社会

中国传统文化的最高境界是"和"，也就是和谐。儒家重视"和"的原则，强调"和为贵"。在儒家伦理中，主张"修身养性"，追求人的身心和谐。孔子提出"和而不同""礼之用，和为贵"；孟子讲"天时不如地利，地利不如人和"；老子讲"道生一，一生二，二生三，三生万物。万物负阴而抱阳，冲气以为和。"中国传统文化中，诸子百家互相借鉴，不同地域文化融合统一，都是中国传统文化和谐精神的体现。经过长期的历史积淀，"以和为贵"逐渐成为中华民族的社会心理习惯，如在政治上的"大一统"观念，经济上"不患寡而患不均"的平均主义思想，文学上的"大团圆"结局，美学上的"以和为美"的审美情趣等。和谐思想是中国传统文化的精髓，它规范了人们的行为，维护了社会秩序的和谐稳定，对中国社会长期的稳定和发展起到了积极作用。

中国传统文化强调以和为贵，不仅重视人与自然的和谐共处，还特别重视人与人之间的和谐统一，提倡以"和谐"为最高原则来处理人际关系、民族关系、外交关系。中国人很早就提出构建"人人相亲，人人平等，天下为公"的理想社会。中华民族历来注重亲仁善邻，讲求和睦相处。孔子提出"和而不同"的主张，对于解决当今不同国家与民族之间的纠纷有着十分重要的意义。在不同国家与不同民族之间，由于文化背景、宗教信仰、价值观念上的不同，必然会引起各种冲突和分歧，"和而不同"的原则有利于调节人与人之间关系，进而促进民族与民族之间、国家与国家之间的和谐相处。中国传统文化中的和谐思想，在当今社会主义和谐社会建设中依然具有深刻的现实意义。继承并发扬古代伦理中的优秀成分，为全面推动社会主义和谐社会建设提供；有益的思想启迪。

当今社会，文化在综合国力竞争中的地位和作用愈加凸显，成为提升我国的国际影响力和提升综合国力的重要一环。中国传统文化历经五千年的传承，对现代社会来说，有精华也有糟粕，我们应该在坚持传承优秀传统文化的同时，又对传统文化进行创造性地改造和转换。

第三节　文化传播的基本概念

文化传播又被称为文化扩散。它是指文化从其发源地或一个社会群体向另一个社会群体辐射和传播的过程。一般来说，文化传播可分为直接传播和间接传播。直接传播是指具有文化能力的人类通过商队、军队等方式将文化内容的精神或者物质方面的内容直接传播，比如：新的农耕技术和发明创造。而间接传播则是一种错综复杂的文化传播能力，一般是指某一社会群体借用外来文化进行文明创造活动的刺激性传播，一项发明一旦公之于众，很快便会传播到世界各地。

文化传播的过程取决于文化的实用价值、难易程度以及时代的适应性和弹性等多种因素。其实，文化传播媒介的特殊性符号或身份往往决定了传播文化的特征。

文化起源、文化传播方式和路径以及影响传播因素的复杂性使探究某种文化特征的起源成为文化地理研究的一个难题。通常情况下，如果一个地区与另一个地区在文化特征方面有较高的相似性，就可以推断出外来文化在该地区的传播能力大于文化的创造能力。近年来，一些文化地理学家如瑞典的哈格斯特朗等，应用归纳和随机模型分析预测文化扩散的概率，为深入理解文化传播现象提供了一种新的研究工具。

一、文化传播的媒介

文化传播主要取决于人类的迁移和流动，特别是群体或者族群的迁徙和流动。文化传播的重要途径包括移民、战争、入侵、掠夺和占领等。移民或迁徙会带来外族文化，战胜国总是要试图把本国文化强加给战败国。此外，其他的人员流动，如贸易、旅游、交流等也都是文化的重要传播媒介。在当代，由于交通和通信技术手段的发展，文化传播方式愈发多样，不一定要依赖人的迁移和流动。世界文化在世界范围内的传播正以前所未有的规模和速度通过各种途径进行，由此必然导致世界文化的同质性发展和日益增强。整体来看，文化传播的结果往往引起社会自身的改革和变革，是社会实现自身发展的原因之一。任何文化都应当辩证地吸收外来文化才能促进自身向有利的方向发展。

二、文化传播的方式和过程

文化传播有多种方式，按照文化传播的方向来区分，文化传播可以被分为纵向传播和横向传播。纵向传播是指某种文化内部通过学习等方式对文化自身知识、思想、价值、制度等内容的继承，即文化传承。横向传播是指不同类型的文化交流、文化借鉴。

美国文化人类学家拉尔夫·林顿把文化传播过程分为四个阶段：

（1）接触阶段。随着外来人口的增加，外来文化中的一种或多种元素逐渐进入社会的生产活动中，并引起了人们的注意。人们在生产和生活中会有意无意地接触到外来文化，而且逐渐被影响。

（2）选择阶段。接触到外来文化时，本民族人民会本能地对于在本族文化中显现出来的外来文化元素进行分析、判断、选择，决定采用或者拒绝。

（3）采纳阶段。将决定采用的文化元素融合到本民族文化之中。从地理空间上看，文化传播从文化中心区向四周辐射，根据信息的递减及弱化的规律，传播距离文化中心越远，最后显现出来的原始文化元素越少，采纳的也就越少。

（4）融合阶段。当一种文化元素从一个民族传播到另一个地区或民族时，它就已经失去了原本的形态和意义，在传播和采纳过程中已被修改。因此，通过比较可以发现，两种或多种文化之间只有相似之处，完全相同的文化则十分少见。

第四节　中国传统文化传播遇到的问题

随着近年来我国经济的腾飞和综合国力的提升，中国传统文化也逐渐受到国内外广泛关注。中国传统文化的传播取得了卓越的成绩，但也面临很大的困境。

一、世界呈多元文化共存的局面

西方文明是以古希腊文化为核心的，它强调"理性中心主义"。经历过工业革命和科技革命之后，欧美国家在经济和科技等方面取得了长足进步，他们也率先进入了高生产力的社会形态，开始了在全球范围内的扩张和殖民统治。由于近代中国国际地位不断下降，受中国传统文化影响较大的东亚和东南亚国家开始转而模仿西方制度，学习西方国家的文字、先进科学技术等。1868年开始，英属殖民地遍布除南极洲以外的各大洲。

随着中国的再度崛起，世界格局不再是"西方中心主义"。在和平年代，世界上呈现多元文化共存下的"和而不同"的新局面，这种"多元共生"的文化状态给中国文化的崛起和发展带来了契机和挑战。

二、语言障碍给文化对外传播带来了困扰

语言障碍给中国文化的输出带来了极大的困扰。英语采用了拼音文字系统，是目前国际上通用的语言。汉字结构复杂，属于非拼音文字，它有着深厚的文化底蕴，也有非常悠久的历史。两种语言的语言符号不同、文化模式和文化背景不同、语言学知识内容不同。因此，它们是各自独立，完全不同的人类文化语言系统。改革开放以来，经济的飞速发展加快了中国与国际的交流与合作，中国的开放程度空前提高，从各个方面汲取外来文化，也给中译外带来了机遇，使中国古典以及现代的文献有机会逐渐向外推广。然而，由于汉语的博大精深和深厚的文化底蕴，在中译外的过程中，出现了很多词不达意的情况，为实现传统文化的对外传播造成了困难。

三、中国价值的全球化要经历一个过程

中国文化虽然已经逐渐"走出去"，但是要实现价值全球化，真正"走进去"，被别国所吸收，就必须要在本土文化基础上，吸纳国外的精华，以"中

学为体，西学为用"为原则，保证中国精神文化的本土化，在"体"和"用"两方面进行融合，实现民族的世界化。

未来，中国人将以自己独特的方式迈向世界，将灿烂的中国传统文化展现给世界，向世界展现一个经济发达、精神富足、崇尚科技、拥有独特艺术审美、善于保护文化遗产和生态环境的中国。

第五节 传统文化传播的机遇与创新

一、传统文化传播的机遇

1.传播渠道进一步拓宽，传播范围进一步扩大

多媒体时代是网络经济时代下的重要产物，它集中了各种媒体的重要优势和特点，可以在保持传统媒体传播方式的同时创新传统文化的传播思维和理念，为受众带来更多新的体验。此外，传统文化传播有了更多的机遇，传播渠道也更加多元化。文化传播不再是仅仅通过报纸、电视、广播等传统的途径进行。多个即时通信平台丰富了传统文化的传播渠道，也扩大了受众群体。短视频平台用户活跃度很高，这些短视频形式多样、内容丰富，用户不分性别，年龄跨度大，适合不同知识程度、专业技能的受众，涵盖了社会生活及生产的方方面面。这些传播渠道不仅可以进一步扩大传统文化传播的影响力，还能够提升传统文化品牌的知名度。

2.传播思路进一步创新

随着多媒体的发展，各种新兴媒体技术应运而生，为传统文化的传播和发展提供了科学的发展思路，有助于创新多媒体环境下的传统文化传播。例如：各种动画技术、3D技术等等，都可以为传统文化的传播提供更多的创新思路。在现代化背景下，传统文化传播可以与多媒体时代下产生的各种新兴技术和文化传播思维紧密联系，并应用到传统文化的传播过程中，从而更好地增强传统文化的影响力。一方面，可以保护传统文化的本土化特色与未来的文化价值，另一方面也可以为传统义化的传播赋予一定的现代化特色，这将促进我国传统文化传播方式的创新和水平的提升。

二、传统文化传播的创新

在当下，传统文化的传播需要转变以往的传播理念与思维，积极拓展传统文化的创新思维，不断助推多媒体背景下传统文化的持续性发展。媒体不仅是传播传统文化的手段，也是保护传统文化的手段。在传播传统文化的过程中，我们可以加强特色文化的传承，例如，有自媒体人运用现代人所喜欢的方式对我国传统的农耕文明文化予以传播，让更多的现代人通过视频了解"采菊东篱下，悠然见南山"的美好生活；某地一对农民夫妻生活发生变故，为了缓解生活压力而接触"鬼步舞"，学跳"鬼步舞"，到现在成了粉丝过百万的网红夫妻；还有人搬到了大山里过起了隐居的生活，他们自己搭建房屋、种植粮食果蔬，过上了真正的自给自足的乡村生活。从这些例子中我们可以清楚地看到大众对于文化的需求，以及对田园生活的向往，也指明了传统文化的传播意义，以及如何在多媒体背景下创新文化传播的方式，积极促进传统文化传播水平及质量的提升。

1. 培育优秀的专业化传播人才

现阶段，传统文化传播还缺乏专业人才。无论是直播平台还是电视综艺，对传统文化的传播虽然方式新颖、内容有趣，但大部分都处于业余水平，以娱乐为目的。因此，要积极完善相关的教育体系，培养现代传统文化传播特征和自媒体特色，以达到传播文化的目的。此外，应为传统文化电视综艺节目输送大量人才，不断提高传统文化传播的影响力，为传统文化传播创造更多优越的条件。丰富专业化人才体系和传播内容可以为传统文化的传播带来更多的创新思维，提升传统文化传播的市场影响力。通过专业化人才的引导，可以充分挖掘各种传统文化素材，促进传统文化活力的提升，构建科学的文化传播体系。总之，在传播理念上要主动创新，加强传统文化的传播，激发传统文化的活力，积极创新传播思维，密切结合多媒体特征，积极借助当下的直播平台、公众信息平台等渠道加强传统文化传播，助推传统文化活力的提升，不断拓宽传统文化的受众范围和传播渠道。

2. 打造传统文化代表性精品力作

传统文化根植于历史，根植于人们生产生活的足迹。作为四大文明古国之一，我国悠久的历史使我们的传统文化犹如浩瀚的夜空中最亮的星星一般闪闪发光，闪耀着中华儿女智慧的光芒。四大发明、儒家思想、自强不息的进取精神，礼仪之邦崇尚的道德品质，以及影响深远的汉字，这些都是传统文化带给我们的荣耀，也无不彰显着中国传统文化的独特魅力。因此，打造与中国传统文化相关的电影、电视剧，图书等也是传播中国传统文化手段之一。

3. 挖掘代表中国特色的文化元素

中国传统文化要走出去，不仅要能体现中国特色，还要满足海外市场的文化需求。中医药、武术、烹饪等都是中国传统文化、彰显价值内涵的中国名片。拔罐、针灸等都颇受欢迎；中国功夫从20世纪六七十年代起就进入国际视野；中国美食也逐渐成为外国人直接感受中国文化的方式。

4. 提高对外传播的针对性

文化对外传播的核心目的是以文化人、以文促情、以文建信。文化传播从来都不是单向灌输式的，而是双向的跨文化互动式交流。通过深入调研，可以深入研究国外不同受众的文化传统、价值取向和接受心理，因地制宜地传播文化，使中国传统文化"走出中国""走进他国"。近些年来，我国努力做到将国外受众的文化信息需求和偏好以"数据化"呈现，减少对外传播中的"文化折扣"现象，不断提升传播效果，提高了中国传统文化的国际影响力。

总之，中国传统文化独特的风采和魅力，是中华文明薪火相传的基石，也是中国给世界贡献的精神力量。只有创新方法以及实现对中国传统文化的守护，才能让中国传统文化活起来、传下去、走出去，最终走进去。

5.打造中国文化品牌

打造中国对外文化品牌是一个非常重要的实践性问题，中国的传统文化也是以儒家文化为核心的多元文化。如何在国际社会打造儒家文化品牌，不失民族本色，又能融入世界格局，这是中国文化对外传播的核心。本着"和而不同"的文化相处原则，和外来文化形成一个整体的"和"，也要保持中国文化独有的特色。

第六节　中国传统文化传承传播的途径

一、弘扬优秀传统文化要从教育做起

（一）树立正确的教育导向

人的教育是一项系统的教育工程，它包含着家庭教育、学校教育、社会教育，三者相互关联且有机地结合在一起，相互影响、相互作用、相互制约，而贯穿其中的就是正确的教育导向。只有教育导向正确，才能教育出优秀的人。所以坚决不能唯以升学论成败，升学独以分计，这种错误的教育导向，会致使家长和学校都只看重分数，而忽视对孩子的道德素质教育。所以，一定要树立正确的教育导向，使学生全面发展。

（二）家庭教育至关重要

家庭教育是一切教育的基础。父母是孩子的第一任老师，也将是孩子终身的老师，孩子在父母的关怀抚爱中逐渐认识世界，在父母的行为中潜移默化接受人格和行为的陶冶。孩子对父母是信赖和尊敬的，父母的一言一行、一举一动对子女都有着言传身教和潜移默化的作用。家庭教育的重点是以品德教育为主，培养孩子良好的道德品质和养成良好的行为习惯，教会孩子如何学"做人"。家庭教育是教育人的起点与基点，具有其他教育所没有的优势。家庭教育具有早期性、连续性、权威性、感染性、及时性。良好的家庭环境和家庭风气与家庭中长辈的榜样示范密不可分，父母应该注重环境的教育作用，注重以身作则，不应该只注重培养孩子的技能，报各种补习班、特长班，而忽视了培养孩子的品德教育、道德教育。培养孩子要从家长自我做起，践行孝道，严格律己，给自己的孩子做出好的榜样。教会孩子正确地判断事物，引导孩子健康地成长。

（三）强化学校的德育

人的一生中从幼儿园到入学，有很大一部分的时间是在学校度过，所以学校是孩子树立正确的人生观、价值观、道德标准最重要的地方。因此，学校不能只追逐升学率，将德育流于形式，停留在字里行间，而不落实于学生的行动上。学校应更多地从改变行为上着手，比如，可以组织道德小模范、十佳小孝子等的学习评比活动，形成一种学习榜样、践行道德文化的良好风气。

（四）加强教师队伍的道德素质培养

百年大计，教育为本；教育大计，教师为本。一个优秀的教师可以改变一群学生的生活道路。作为文明传播者的教师，应该以身示范。"师者，所以传道受业解惑也"，韩愈把"传道"放在教师职责的第一位，可见师道、师德的重要性。建议把优秀的传统道德文化纳入教师的培训计划，定期进行道德文化师资培训，着力培养出热爱中国传统文化，师德高尚，修之于身的强大的教师队伍。只有这样，才能将更多的正能量传递给学生们。

二、全面提升公民道德文化水平

文化软实力的根基是全社会的崇德向善。博学于文、约之以礼，中华古圣先贤历来崇尚"以德服人"，中华民族最深层的文化脉动中，崇德向善始终是一种最强大的力量。尤其在社会转型期，崇德向善是改善社会软环境、抵御污浊与逆流的定海神针。

（一）以德为先兴百业

国无德不兴，人无德不立。扶正祛邪，激浊扬清，必须弘扬中华传统美德，加强社会公德、职业道德和家庭美德教育，激发全社会向善的力量。文化软实力最终要靠国民素质来支撑，国民素质首先是道德素质。提升国民道德素质，要以中华传统美德为基，实现中华传统美德的创造性转化、创新性发展，以文化人、以文育人，使知礼守法、诚信友爱、团结奉献等基本道德规范，融入人们的日常生活和工作中，匡正社会风气，陶冶人们情操，使中华文化软实力的光域不断增大、亮度持续增强。

弘扬优秀传统文化需要社会各有机体的相互配合。公民是民族文化的最初创造者和永恒传承者，应该自觉加强自身道德修养，践行社会主义核心价值观。

（二）建立正确道德信仰

中国传统的道德精神是中国传统文化经过五千年的积淀不断凝结、升华而形成的一种伟大的民族精神，一种有生命力的道德信仰，它能够而且必然与中国当今时代相融合，形成强大的民族凝聚力、创新力。正确道德信仰，不是一味继承古代文化、古代道德，而是取其精华去其糟粕，将优秀的传统道德文化与时代相结合，用科学的方法总结、整理、提升。

中国传统文化尤其儒学思想中包含了一系列重视个人道德养成的价值体系，如仁、义、诚、信、孝、和、忠、廉等。公民树立和培育正确道德观需要结合中华美德，重视个人道德修养。

在全社会推进公民道德建设工程，营造讲道德、尊道德、守道德的社会氛围，弘扬真善美，贬斥假恶丑。中国传统文化中的"苟利国家生死以，岂因祸福避趋之"，有利于激发公民的爱国热情和社会责任感；"言必行，行必果"的人际交往观，有利于和谐社会的构建；"民为贵，社稷次之，君为轻"的民本思想，可以时时提醒国家公职人员全心全意为人民服务，把国家建设放在工作首位。

（三）加强公共宣传

加强公共宣传也对传播中国传统文化有积极作用。可以定期组织宣讲团到各地区进行宣讲，很多人听了之后，就懂得应该怎样去孝顺父母，怎样去教育子女，如何用诚信经营企业，如何行善立德，如何做个有道德的人。还可以组织国学论坛，通过开展国学经典教育，解析古文化，输送正能量，让更多的人进一步了解中国传统文化，了解弘扬中国传统文化的重大意义。

（四）树立榜样

通过榜样的力量，可以教育、感化、带动人们崇德尚贤，见贤思齐。可以通过树立道德模范、劳动模范，表彰见义勇为的人等特色活动，掀起学习模范风潮，形成良好的社会风气。

（五）讲求奉献精神

提升和推广志愿服务事业。现代公民意识还不十分清晰、充分和普及，人们对于公共社会和公共事业，特别是化为日常自觉行为的社会志愿服务行为，还缺乏足够充分的认识，自觉主动性还不够。因此需要大力推广、扶持，并建立与之配套的机制。

三、扩大中国传统文化传播

通过各种媒介进行中国传统文化的宣传教育。文化产品的传播不是单一的信息传播和商品流动，而是价值观的传播、思想的传递。

（一）媒体宣传

传播文化软实力的基本功是"讲好故事"。中国传统道德文化可以靠民间故事宣扬传承，用浅显的、通俗的方式传播。唯有润物无声，才能更好地使中国传统文化深入人心。无论展示中国文化独特魅力，还是提高国际话语权，都要求我们创新对外宣传方式，以人们喜闻乐见的方式讲好中国故事，传播好中国声音。

文化知识竞技是很有益的尝试，多开办这类电视栏目，既可以展示中国文化的风采，又能通过比赛催人奋进。还可以设一些社会陋习曝光专栏，曝光陋习，警示他人，同时，要坚决抵制暴力、低俗影视作品，杜绝虚假广告充斥荧屏。

（二）发展文化产业

近年来，我国经济实现飞速发展，各类的文化事业、文化产业迅速崛起。文化具有包容性和多样性，在融合古今中外优秀文化因素为文化产业蓄力时，我们要不失时机地促成文化产业的规模化、集约化和专业化。大力发展文化产业，不断提高我国文化的总体实力和国际竞争力，不仅是经济全球化条件下增强国家经济实力的重要任务，也是文化多样化背景下提高国家文化软实力的工作重点。

要努力实现文化产业创新，让文化更加接近百姓人家，滋养每一位公民。

通过文化载体传递文化内涵，现在已有不少的影视作品可以作为艺术性、思想性和商业性相结合的成功范例。文化产业和文艺作品对传统优秀文化的弘扬也需要选择适当的途径，用社会主流价值观念引领多元文化的发展，把先进文化和传统美德有机结合，把真善美传递给消费者和广大群众。文艺工作者深入开展与传统文化相关主题的创作活动，引导人民树立和坚持正确的历史观、国家观、文化观，努力传承中国传统文化。

（三）文化交流

提升国家形象的国际亲和力不仅涉及国家行为，也涉及公民的个人行为。中国的科学家、艺术家、体育明星都是很有影响力的形象大使，访问学者教育交流、中国游客、文化团体演出、留学生、商人、官员等在其他国家的言行举止，同样也会被看作是中国人的文明水平的代表。

近几年来，在国际上的活动中，许多都在宣传"和谐世界"理念中蕴涵的中国文化思想，充分展示社会主义中国面向现代化、面向世界、面向未来的国际形象，恳切表达中国人民同世界各国人民一道努力建设一个持久和平、共同繁荣的和谐世界的美好心愿，为提升我国的国家形象的亲和力做出了重要贡献。

要扩大中国传统道德文化传播，结合传统智慧和现代文明，扩大中国文化的国际影响力，以道德精神引领主流。

四、通过引进吸纳实现文化创新

中国传统文化源远流长，一直影响着国人的价值取向、行为方式与人生追求。首先应摒除传统文化的消极因素，创造性地吸收、消化传统文化的营养。

（一）吸收世界文化之养分

中国文化具有柔性而得以传承。所以，在展示和传播中国文化的同时，我国也要面向世界，虚心学习，这对拓宽国民的视野以及中国的城市化进程都会产生积极的影响，中国文化更可以通过与世界各种文明的交流、碰撞得到发展和升华。

要通过学习和吸收世界各国优秀的文明成果以及各国人民共同接受的一些基本价值,如民主法治、公平正义等政治价值,公共服务、终身教育、生活质量、生态文明等社会文化价值,去粗存精,去伪存真,为我所用,促进中国文化软实力的不断提升。

(二)吸收才能具有创新之实力

中国传统优秀文化的弘扬还需要激活市场竞争机制,开拓文化产品的国际市场,扩大民族文化的国际影响力。要进一步增强中国文化的吸收能力和传播能力。

文化是国家的根脉,面对激烈的国际竞争,只有认识文化的价值,重视文化建设,才能大力发展、大有可为;只有形成与中国经济社会发展和国际地位相适应的文化优势,我们才能在各种思想文化的相互激荡和碰撞中掌握主动权,有效应对来自各方面的挑战。为此,必须从战略上思考和谋划文化软实力的提升。

五、在弘扬中国优秀传统文化中予以文化新的生命力

(一)文化软实力的竞争日趋激烈

当今世界各国,除了经济、科技、军事力量等"硬实力"的比拼,文化软实力的竞争也日趋激烈,因为文化愈来愈成为民族凝聚力和创造力的重要源泉,愈来愈成为综合国力竞争的重要因素。这种"软较量"往往润物无声、

潜移默化，运巨变于无形。一个国家能否真正成为强大的经济体，与文化创新的力量也有关系。能否高瞻远瞩提高文化软实力，也影响着一个国家的未来。

（二）文艺作品要承载中国文化的价值观念

政治领域各种思潮激荡会渗透到经济、社会和文化领域，在网络媒体和影视文学作品中尤为突出。文艺是时代前进的号角，对文化强国建设有着不可替代的作用，广大文艺工作者要认识到自己所承担的历史使命和责任。文艺作品的创作要有深度和厚度，要承载价值观念，要引导人们怀有积极的人生观和世界观。

（三）对传统文化批判地继承是一种创新

中国传统文化中有太多可挖掘的用于规范公民行为、提升公民修养的优秀思想，在我们践行社会主义核心价值观时，不能忘记传统文化给予我们精神上的支撑。我们在弘扬优秀传统文化时，要结合时代因素大胆地批判继承。

中国传统文化的形成和发展受当时生产力水平、政治制度、人类认识局限性的影响，需要我们扬弃地继承，使之与现代文化相融相通。

大力弘扬优秀的中国传统文化，将我们的民族精神发扬光大，需要全社会共同的努力。

第四章 中国文化传播的策略

第一节 传媒策略

一、全球化背景下的文化传播基本策略

经济全球化在一定程度上也将引起文化生产和消费的全球化。在此背景下，中国媒体既要固守中国的文化版图，同时还要进一步向外国受众传播中国文化，面临着前所未有的文化传播的挑战。

（一）遵循文化传播求真务实的基本准则

真实，是媒体应该普遍奉行的基本准则之一；坦诚，是文化传播者应具备的工作态度。中国人懂得"心诚则灵"这一返璞归真的道理，包括"真诚""坦诚"和"热诚"三个方面。真诚就要求我们在传播传统文化中以人文的眼光和关怀去捕捉文化交流过程中不同文化背景的人们表现出来的人类共性，比如同情弱者、助人为乐、追求和平、渴慕公义等情感。"坦诚"很容易理解，主要是指媒体在宣传中国文化时，不应刻意回避问题。一旦树立了正确的观

念，我们可以凭"坦诚"深入人心，为进一步的跨文化交流创造条件。"热诚"就是要以积极的心态和行动参与各种跨文化交流活动，愿意介入我们原本不熟悉的领域。

（二）追求文化传播中的"雅俗共赏"

传播媒介应以平和的心态向国内和国外的受众传播雅俗共赏的中国文化产品，以求引起尽可能多的人的共鸣，既提升国内大众的文化欣赏品位，又用通俗的方式向国外的受众传播博大精深的中国文化。

（三）接受商业理念对文化传播的渗透

现代社会发展相对于人类历史的过去是高速度的。在全球化背景下，文化与经济产品的关系日益密切，文化常常通过经济的、商业的渠道跨越国界传播。由于全球化的经济运作，加上传播技术的发达，文化产品的生产周期短了，出品速度快了，文化传播的速度也加快了，比如外国影片能引进到中国，其速度之快，影响面之广，令人应接不暇。主动适应快速的文化生产节奏，接受商业理念对文化传播的渗透，将是给予传统文化产品以新的生命的重要途径之一。

（四）建立以文化交流促进文化创新的观念

文化创新也要有开放的心态。古往今来，文化交流都能极大促进文化创新，在不同国家的文化与本土文化的撞击中力求创造出"既是民族的，又是世界的"新文化产品。在开放的世界里，任何文化都免不了要与其他文化进行交流，在全球化的时代更是如此。

二、跨文化传播的具体方式

适应全球文化市场运作规律的跨文化传播具体方式,包括以下几个方面。

(一)世界来到中国,中国走向世界

应让中国受众充分意识到"世界来到中国,中国走向世界"的时代大趋势。媒介在制作生产宣传中国文化的内容时,要保证让中国受众也听得到、看得到、读得到,培养国内的人用世界的和全球化的眼光重新认识中国文化,去除"井底之蛙"和"夜郎自大"的心态。既强调中国文化历史上的辉煌,又有适度的文化忧患意识,充分认识到中国的文化面临着怎样的全球性的挑战。可以在媒体如报刊广播多刊登或播出一些从不同角度看中国的文化内容,以求进一步开拓国内受众的视野。应更加主动地让外国受众更多地了解和理解中国文化,以便通过媒体在一定程度上消除和改变其他国家对中国文化的错误认知和对中国人的误解与偏见。

这要求传媒与所有文化工作者联合,以全球化为背景看待和认识一切文化,做到对中国文化和外国文化"知己知彼",增强交流沟通的效果。不能片面注重生产。要在宣传中大力增强文化传播的成分,用文化产品的生动形象的内容讲述中国文化。同时,眼界要开阔,要把目标对准不同的受众,包括政要、知识分子、商界人士、白领等等,也不可忽略文化程度较低的人群。

(二)开展文化产品制作中的国际合作

文化的相互认知与交流是增信释疑和加强合作的重要基础,也是区域一体化进程不断发展的内在需要。在文化产品制作中进行国际合作,除了直接

通过现代化的传播手段，还可以考虑创新，即通过跨国合作，让不同文化背景的传媒工作者和其他文化人走到一起，来共同生产出符合时代背景的精品佳作。比如，中国一些电视节目在东南亚国家受到欢迎，引起收视热潮。

除了影视方面，以现场表演、电视广播、电影、书籍等为代表，文化贸易正向多元化发展，交流的领域和渠道大为扩展。

（三）传媒人才队伍建设

要实现上述对策，改进传播方式，迫切需要培养和造就一支特殊的传媒人才队伍，既通晓中文和外语又理解中外文化之异同的人才。

这也为我国学校的新闻传播院系提供了机会和挑战，以跟上时代的发展。

总之，中国文化的传播急需媒体的帮助和引导大众应对。相信跨文化传播迅猛增加的结果是创造出更加富有先进性的中国文化。

三、传统媒体文化传播的转变策略

面对新的传播环境，传统媒体一方面要强化自身文化传播的担当意识，另一方面也要调整自身的媒体角色，在资源整合者的重新定位下，借助网络社交平台，在以附着的方式实现"微"时段传播的同时，发掘文化资源、调动社会力量、加强网络平台官方账号的经营和管理，更好地为中国文化的传播贡献力量。

（一）传播角色的"微调"

微环境不仅改变了媒体传播文化的行为方式，也推动着媒体调整自身在文化传播活动中的角色与定位。传统媒体具备可信度高、资源丰富的优势，在新的传播环境下，传统媒体应充分发挥这样的优势，适度"微"调传播角色，改变传统的传播模式，做大众的"贴心人""小棉袄"，打造出平民化的传播平台。在传播文化方面，传统媒体不仅应坚守传播者的角色地位，同时也应强化资源整合者、产品开发者的角色，主动承担文化资源、社会资源、媒介资源整合的任务。

中国的文化是多样的，呈现出多层次多侧面的特点。因此，传统媒体应主动承担起文化资源整合的责任，将政府机构、文化传承者、艺术创作者、理论研究人员、社会媒体等整合为一体，传递出关于文化的认知最强音。传统媒体不仅拥有丰富的文化资源，在社会资源的占有和开掘方面也比一般的受众要更强势。传统媒体文化传播策略如何改革？传统媒体应以包容的心态，充分与私营媒体公司、各种民间团体开展合作，调动社会知名人士、广大市民群众的参与积极性，形成以传统媒体为龙头的全社会一起传播中国文化的共识。传统媒体应该充分开发这些社会资源的价值，开发与高校、传媒公司、民间艺术团体、知名艺人的多种合作，吸纳更多的普通人参与进来。通过对社会资源的重新整合，传统媒体更好地实现了传播中国文化的职责，也提升了媒体自身的吸引力和知名度。

（二）传播产品的"微型"

任何文化的传播都是以产品的形式来进行的。大制作意味着长周期、高投入，如电影、电视剧、大型舞台剧、动画剧集等；"微型"意味着微制作、微投入、微时长，如微剧本、微电影、微视、微雕刻、微语录、微诗歌等。在开发文化传播产品时，应该两者兼顾。以大制作实现大震撼、大影响，形成短期的轰动效应；以"微型"制作吸引普通人参与进来，形成细水长流、润物无声的效果，从而打造多层次、立体化的传播产品。

传统媒体作为资源整合者、文化传播者，应该有意识地与本地高校、传媒公司、社会团体、居民社区等开展合作，充分开发微电影、微视、微剧本、微小说、微创意、微语录、微雕刻、微书法等相关微型文化产品，产品可以涉及文学、戏剧、舞蹈、绘画、雕刻等各类文艺领域。各类传统媒体可结合自身媒体特性，开展相关的微作品征集、展览、评比等活动，以此来形成人人参与、人人传播中国文化的格局。如纸媒可以推出微剧本、微小说、微语录、微书法、微摄影等作品的征集、展览、评比、奖励等活动，电视媒体则可以开展微电影、微视、微创意等相关活动，而广播媒体也可以开展微作品朗诵、微广播剧展听等，各类媒体间又可以互相配合、打通合作，共同为各类中国文化活动搭建合理的传播平台。

（三）传播方式的"附着"

电视传播机构可以通过兴办新的电视栏目来传播地方文化。这样的点子是好的，但一档电视栏目的顺利播出是一个复杂的系统过程，如节目创意、市场调查、资金投入、人员配备等，实际操作时会压力极大。与其开办一档前景未知的新栏目，莫不如充分利用已有的栏目，开发附着化文化传播新路径。

这样的做法是值得推广开来的。诸如微电影、微雕刻、微创意设计等相关活动能够实现，那么这种"附着化"的传播路径，不仅为这些微作品提供了展示的平台，也丰富了传统媒体的传播内容。即使是现有的各类艺术作品，如舞蹈、书法、绘画、诗歌、歌曲、音乐、剧本、电影、动画等，都可以经二次加工为"微型"产品后，"附着"于已有的广播电视知名栏目、报纸的副刊等时段、版面上，发挥名牌带动传播效能，用以传播中国文化。

（四）传播渠道的"微扩"

微环境下的受众还具有阅读渠道网络化的特质。随着无线网络的四处延伸及受众可使用终端的多样化，随身、随时、随地、随意成为受众接受信息的新趋势，受众经常接触的传播载体类型也更加多样化。传统媒体在网络社交平台开办官方账号成为一种潮流，特别是受传播范围限制的地方媒体，借助网络社交平台打破地域传播的限制，实现跨地区传播，是传播渠道"微"扩张的典型体现。

很多报刊、电台在相继开办网络社交平台上的官方账号后，借助新的传播渠道来提升与受众的接触率。这些官方账号在节目预告、信息收集、意见反馈、吸引关注等方面发挥了一定的作用。但同时我们也应注意到，传统媒体开办官方账号热情高，但开办之后对官方账号的建设和管理也不能滞后。如果没有后续的建设经营精力的投入，要实现跨区域传播是有很大难度的。

（五）设置专门的账号管理者

社交平台账号管理者负责日常广播的发布和信息反馈的处理。官方账号发布的各类信息应尽量接近百姓的日常生活，这样才能引起围观、转发、评论等行为，形成交流状态，才能真正实现地方传统媒体开办官方账号的最初目的。除发布日常信息外，还可以在形成良好传播局面后增加调查、讨论等内容，通过围绕中国文化，设置相关讨论主题来引发围观者的思考，实现借助官方账号传播中国文化的目的。

现在的媒介资源越来越丰富，广播、电视、报纸、手机、网络等多种媒介进入人们的日常生活，实现了人们多终端接收信息的愿望。传统媒体也应整合已有的媒介资源，开发相应的产品，在多个终端上向用户推介内容和形象。各类传统媒体开展的"微"活动、开发的"微"产品，都可以借助网络平台进行网络化营销传播，扩大活动本身的吸附力，提高活动的被关注度。

第二节　影视作品的文化传播策略

一、中国电影的文化传播策略

在全球化浪潮的冲击下，文化传播日益频繁。作为大众传播媒介和意识形态载体的中国电影，必须以积极的姿态广泛参与世界文化传播。全球化对中国电影的文化传播既是一种挑战，也是一种机遇。中国电影要取得文化传播的成功，必须在"国际化"与"本土化"的结合中找到一个"契合点"，实行"国际化"与"本土化"的"双重编码"，在电影传播的文化策略、题材策略、艺术策略以及运作策略上广泛借鉴，大胆创新，以"和而不同"的目标作为跨国传播的文化诉求，开创中国电影新局面。

电影是一种大众传播媒介，是一种艺术形式，是一种影像语言，是一种意识形态，是一种文化产业，如何充分发挥影像的文化传播功能，实现中国电影的文化传播价值和资本价值的最大化，成为中国电影必须面对的重大课题。

（一）中国电影走向世界势在必行

在全球化的今天，中国电影有必要更有可能参与文化传播，传播的本质即在于文化的交流。

1. 积极主动地参与文化传播

中国电影要实现跨越式发展，必须积极主动地参与跨文化传播。一个民族或国度文化的进步，离不开文化传播的健康进行。没有交流的文化系统是没有生命力的静态系统，断绝与外来文化信息交流的民族怎么可能是朝气蓬勃的民族呢？中国电影作为一种承载传播中国文化、塑造国家形象任务的大众传播媒介，必须积极参与文化传播，在文化传播中汲取思想和艺术营养，在文化传播中弘扬中国的文化。中国电影文化传播应通过更具普遍意义的影像语言，使中国文化为世界所了解。

2. 全球化为中国电影参与文化传播提供了可能和契机

实际上，全球化一方面表现出差异的存在，另一方面又表现为流动与交换。在一定意义上，传播全球化的发展将推进全球文化的相互认同与融合，有利于消除人类文化间的疏离隔膜乃至误解敌对，为人类所理想的具有共同利益和共同价值规范的一体化的"全球文化"的形成，创造出丰富、开放的对话空间。中国电影就是置身于这样一种空前频繁的跨文化传播语境中，完全有可能大有作为。事实上，中国电影已经取得一定的成绩。

就电影学界而言，在近些年里，一大批优秀的中国电影先后获得了各种国际电影节大奖，也有的影片在传播中国文化的同时，创造了相当可观的票房收益。中国电影走向世界已是势在必行。

（二）国际化与本土化的契合

中国电影要走向世界，要实现跨文化传播，必须学会如何对电影的艺术信息、文化信息、影像信息进行融合，以实现其传播功效。实践证明，过于本土化或过于国际化的倾向都不利于电影的跨文化传播。固守民族主义是不行的，电影创作狭隘的民族视野妨碍着民族电影不断扩大自己的交流范围，也局限了对所表现的题材做更为深广的审美涵盖，其结果只能是传而不通。但另一方面，如果一部影片只剩下可以容纳国际受众的那些电影文化因素，恰恰使影片失去文化的稀缺性，电影的文化资本也随之失去它作为信息资本的条件。如何在这两者之间找到一个"契合点"，是电影跨文化传播能否成功的关键所在。梅特·希约特把电影的文化因素分为三个层次：一个是晦涩难以沟通的电影文化因素；一个是可以转换的电影文化因素；一个本身就是国际化的电影文化因素。中国电影要取得文化传播的最大功效，既要避开第一个层次，以免"对牛弹琴"，也要避开第三个层次，以免丧失自我的文化特色。而应该致力于追求第二个层次，在国际化与本土化的结合中找到一个"契合点"，采用国际化与本土化的相结合和策略，实现两种电影文化的可转换。

1. 本土化与国际化共存

从文化策略层面来看，中国电影应该发掘既具本土性又可以为全世界所理解的那些"文化资本"，在保持本土文化特色的同时，也兼顾与世界文化的融合沟通。电影的文化表述是一个系统，既包括了肤色、服饰、饮食、语言、建筑等外在的表征，也包括人际关系、生活习性、民俗仪式、价值观念等内在的意义。

2. 精心选择电影题材

从题材策略来看，为了引起"共鸣"，中国电影还应该在电影题材，或说电影传播内容上精心选择。不能因为过于狭窄的电影题材限制了其影响力的扩大。中国是一个文明古国，有着丰厚的历史文化积累，有着无可替代的题材优势，当下的中国更有许多的电影题材资源可供挖掘。

中国电影要走向国际，不但要好好开掘自己的题材资源，也要注意关注一些国际性的题材或跨文化方面的题材资源，只有根据目标市场的受众需求来配置题材资源，才能征服国际影视市场。"最伟大的艺术作品应该触及现实生活的问题和任务，触及人类的经验，总是为当代的问题去寻找答案，帮助人们理解产生那些问题的环境。"作为有着丰富题材资源的国家，中国电影应该具备一种世界性的眼光，一方面充分挖掘自身资源，一方面积极开拓新的题材资源，最大限度地发挥电影的文化传播功能，使中国电影在全球形成影响力。

3. 借鉴国际化的电影语言

从艺术策略层面看，中国电影要善于借鉴国际化的电影语言，在保持自身美学特色的同时大胆创新。电影的语言表述系统主要包括运动的图像语言与概念语言（如对白、旁白、独白）的结合，其本质特点在于影像符号的表现力上。学者梵诺伊列举了电影的"特殊符码"：摄影机运动、画面大小变化、影像蒙太奇、场外用法、电影特技和音画字的综合。他认为，电影艺术魅力之所在在于：电影有最大的摄录能力，弥补了其他许多艺术的最大缺憾；电影具有最大的再现能力，包括了写实和特技、影像蒙太奇的"做假"。再如学者魏奈所谓的"电影非特殊符码"：如涉及透视法的"知觉式符码"、涉及文化背景的"认识性符码"、有涉及个人偏好的"感性符码"、涉及精神分析的"潜意识符码"以及涉及叙事的"叙述性符码"，等等，使得电影艺术突破视听限制，营造出一个多姿多彩、魅力十足的"梦境世界"。

从电影的艺术本质上看，中外电影并无二致，只有在电影的艺术表现力上勇于创新，才能吸引广大受众。比如，在一定程度上体现出民族传统文化与现代意识的碰撞，在继承性与超越性中，体现出中国电影艺术独特的文化价值与审美价值，或者换句话讲就是："用最现代的艺术语言来体现最传统的中国文化。"

有学者在总结中国电影国际化的艺术策略时概括了三点。一是"非缝合的反团圆的叙事结构",即在叙事上放弃了经典好莱坞那种"冲突-解决"、善恶有报的封闭式结构。二是"自然朴实的蒙太奇形态",即不采用好莱坞电影那种夸张、跳跃、紧促而戏剧化的蒙太奇形式,而是大多采用一种相对静止的画面,比较平缓的蒙太奇联结,有时甚至有一种中国山水画、水墨画的韵味,画面开阔、造型平缓。三是"纪实化风格",即在叙事风格上采用了一种反好莱坞的纪实手法。这种立足本土,借鉴国际化的电影语言的方式,既使中国电影与世界领先的电影艺术接轨,又打造了中国电影的"艺术个性",有利于中国电影以独立的艺术身份走向世界。

此外,从运作策略层面来看,中国电影要走向世界,也要在立足自身的基础上,借鉴学习世界电影先进理念与商业操作规则,营造一个良好的有利于中国电影发展的"媒介生态环境"(如政策环境、资源环境、技术环境和竞争环境等)。把电影作为一项产业,实施好市场化战略,做好电影产业链上的每一个环节。好莱坞电影的投资策略、品牌策略、市场策略、营销策略等都值得中国电影借鉴。

(三)让世界观众进入东方意境

在文化传播中,一个有效的传播至少包含三个关键要素:传播主体、接收者和传递的信息。传播主体、接收者(传播对象)和传播的信息都制约着文化传播的效果。

人，决定信息取舍，起着是否传递、如何传递信息的重要作用。在现代社会，传播媒介提示的"象征性现实"，对人们认识和理解现实世界发挥着巨大的影响。由于传播媒介的某些倾向性，人们在心目中描绘的"主观现实"与实际存在的"客观现实"之间发生着很大的偏离。媒介对受众的这种影响不是短期的，而是一个长期的、潜移默化的、培养的过程，它在不知不觉当中制约着人们的现实观。格伯纳等人将这一研究称为"培养分析"。这一理论揭示了大众传播媒介对人们的现实观究竟具有什么样的影响，这种影响又是如何发生的。

1. 主体策略

在传播主体方面，中国电影人应该具备一种国际化视野，摒弃单一的视角和过重的本土情结，用现代化、全球化的视界来观照中国的本土文化或中外文化的差异。

具有创意的作品，才能切实推进本土电影产业化的历史进程，真正开拓出一片健康的、可持续发展的电影市场。

2. 受众策略

在观众方面，中国电影要占领国际市场，必须培养中国电影的"国际受众"。国外电影观众是通过中国电影所提供的"拟态环境"或"象征现实"来认识中国人和中国文化，再来建构他们头脑中的中国形象。由于这种影响是个长期的、潜移默化的"培养"过程，这就要求中国电影要处理好电影媒介的功能，运用正确的文化传播策略，让国外观众了解、热爱中国文化，对中国电影产生浓厚兴趣，用银幕塑造真实、完整而富有个性的"中国形象"。

中国电影要赢得国际受众，还必须注意研究国际受众的欣赏口味和观影心理。中国电影要善于引导和培养观众的"中国式审美"。艺术按照美的规律来创造，能使受传者获得美的精神享受。但对艺术传播者来说，不能满足于此，还应积极、主动地担负起培养人们对美的感觉能力，陶冶人们的品性，养成高尚的艺术趣味和健康的审美观念。这种引导"培养"的具体策略，还是要落实到跨文化传播的本土化和国际化的融合上，抓住不同文化"契合点"，既注意审美心理的"熟悉化"，又注意使其"陌生化"。

一个人的艺术审美心理易于和表现他所属的地域文化、民族文化的艺术作品共鸣，同时由于求奇、求新和渴望了解陌生这一系列心理因素制约，也愿意接受他种地域、异族文化形成的艺术作品，正是从这个意义上讲，越是民族的，越是容易走向世界。中国电影对国际受众的审美心理与艺术趣味，既要适应又要引导与提高。实际上，在培养国际受众方面，中国电影已经取得了一定成绩。由于几代中国电影人的努力，中国的"武侠类型片"已经在海外培养了大批忠实观众。今后，中国电影还要通过进一步的努力，形成样式更加丰富的"中国类型片"，吸引更多的国际受众，打造好中国电影进军国际市场的品牌。

（四）文化传播中的"和而不同"

文化传播中的"双赢"策略就是"和而不同"的文化诉求。以全球化为背景，中国电影的文化传播既需要宽广的文化视野，更需要过人的传播智慧。

如何使不同文化的民族、国家和地域能够在差别中得到共同发展，并相互吸收，以便造成全球意识下文化的多元发展的新形势呢？"和而不同"，这既是中国电影跨国传播的文化策略，也是其文化诉求，是全球化时代中国电影走向世界的终极目标。文化需要交流，没有交流就没有发展。

对于全球化背景下的中国电影来说，面对外国电影的进入，唯有积极参与文化交流，秉持"和而不同"文化传播策略，广泛汲取，大胆创新，才能更好地传播中国电影，进而传播中国文化。

二、中国电视的文化传播策略

电视是传统媒介之一，属大众媒介。电视在制作、播放的过程中，对社会生活、个人生活产生直接或间接的影响，其中的有益影响逐渐形成一种文化，可以称作电视文化。电视文化功能包括传播功能、教育功能、服务功能、娱乐功能、引导功能等。虽然电视文化功能众多，但是传播功能是其基础功能，其他功能都是在传播功能的基础上衍生出来的。

媒介面向的是整个社会，传播适合整个社会需要的文化，从这一点上看，电视这种大众媒介是具有社会化功能的。人是社会的成员，媒介对人的社会化的影响体现在"他人导向"的力量。如果从社会主体的类型来看，可以粗略地把人类社会化的模式分成非传媒型和传媒型。其中传媒型的社会化是指，人们通过接受传播媒介，如以听广播、看电视、上网等方式来获得相应的知识，通过自己的学习而社会化。不论是教育功能、服务功能、娱乐功能，还是媒介对人的社会化影响，都是基于媒介的传播功能。传播是各种媒介的主要特征，电视也不例外。

与此同时，电视肩负起对外传播的任务，既是时代的需要，也是新媒体对电视冲击的结果。中国作为大国之一，在世界的政治、经济、文化等各方面占有重要地位，更是闻名世界的东方文明之邦，这就要求我们在传播领域做好交流工作。

文化记忆在社会化过程中形成，是文化得以发展和传承的重要因素。大众传媒以独特的方式对文化进行提取，成为传承民族文化记忆的重要载体。近期一些纪录片的热播，凸显了在当今媒介商业化背景之下，电视媒介通过唤起文化记忆，达到经济效益和文化效应双赢的传播效果。

（一）发挥电视文化传播的人文价值取向

电视媒体是最为受众所接受的信息传播形式之一。它的优势即它本身是一种综合媒体和现场媒体，声像统一，现场感强，对受众的接受能力有较好的适应性，传播过程中受众的反射弧极大缩小，电视影像可以将传播本体抽象为形象的程度最大化。

下面以纪录片为例，分析在对外传播中国文化方面电视媒体拥有的闪光点。

1. 电视的视听优势

虽然不同类型的纪录片有着不同的内容，但是画面和声音的双重应用是缺一不可的，可以有所变化、有所侧重。使用画面，可以在传播中扩大受众群，这是因为对于画面的接受没有年龄和学历的限制，从儿童到老者都可以收看。

而使用声音，是在于帮助受众更好地理解所要传达的内容与思想。电视这种声画合一的媒体，在对外传播中国文化时，可以将视听优势尽可能地发挥。

2. 电视的叙述优势

纪录片的故事层建立在视听层之上，通过视听符号的组合与变换，构成连贯的、具有意义的故事。电视在"讲故事"方面有着得天独厚的优势，它可以将声画关系运用得如鱼得水，在表达多个主题时，画面淡出淡入，加上旁白，可以将原本繁琐的故事过渡得游刃有余。电视纪录片用一个个故事来表达、凸显认同感。观众看到的这些故事主角或许就是日常与自己息息相关的人，故事挖掘平凡却不为人知的一面，国外受众可以更真实地看到新时代的中国人以及承载着五千年历史的中国精神、中国文化。

3. 电视的教化优势

电视作为大众媒体，在传播信息的过程中承担着教化的角色。观看电视节目，是人们了解信息、学习知识的一种渠道，那么，电视就必须在传播中增强文化性和知识性，一方面对本国受众起到教化作用，另一方面在对外传播中担负起宣传本国文化的重任。文化层，是隐藏在故事背后的信仰体系、社会价值、伦理道德等文化要素。电视纪录片作为文化传播的节目形式之一，具有承载不同文化和价值体系的特点。

（二）电视节目类型多样化策略

电视节目的类型多种多样，可以在节目类型上做文章。针对对外传播的需要，多样化电视节目的类型有电视纪录片、电视连续剧、文娱类节目这三种，可以作为对外传播中国文化的节目形式。选择这三种节目类型，有其原因：一是这三种节目类型比较常见、受众数量大、符合各国受众进行收看。二是这三种节目类型可选择的传播内容十分广泛，可以根据具体需要进行设计。

1. 电视纪录片

电视纪录片，是运用新闻镜头真实客观地记录社会生活。电视纪录片的题材广泛、形式多样，画面和解说相互配合，声画合一，并将艺术性融入其中，赏心悦目，同时，受众可以从中了解知识与文化。中国文化包含的内容繁多，人文历史、宗教信仰、风俗习惯，等等，这些都可以采用纪录片的形式进行艺术表现，配合解说以达到传播效果。

2. 电视连续剧

电视连续剧，人们再熟悉不过的节目类型之一。随着时代的发展，各国的联系愈加密切，文化的交流更加方便，将电视连续剧出口国外逐渐成为一种文化传播潮流和商业行为，而观看外国电视剧也成为一种普遍现象。

中国历史可拍摄的题材很多，而我们需要的是将中国文化融入电视剧中的方法。将中国文化融入电视剧中，出口各国，传播中国文化和中国思想是个循序渐进的过程。

3. 文娱类节目

文娱类节目可以划分为两大类，一类是文艺晚会形式的节目，另一类是娱乐性节目，这两类节目在传播过程中主要起到娱乐、休闲的作用。文艺晚会，是中国老百姓十分熟悉的节目形式，特别以春晚为其代表。央视春节联欢晚会，是中央电视台在每年农历除夕晚上为庆祝农历新年举办的综艺性文艺晚会，在演出规模、演员阵容、播出时长和海内外观众收视率上，都创造了世界综艺晚会之最。因此，中国传统文化的对外传播，可以将央视春晚这种备受海内外关注的节目作为传播渠道。

值得注意的是，许多地方卫视大量购买国外综艺节目版权，如何打好"中国牌子"，创造"中国品牌"的娱乐节目更为重要。中国文化的传播，是需要"中国品牌"的节目作为支撑。

（三）实现电视节目理念的创新

电视节目的创作理念需要体现与时俱进的时代精神，用多样化和深刻性丰富观众的精神文化生活，潜移默化地影响观众的审美和欣赏水平。将精英文化和大众文化结合起来，走一条以浅显通俗的样式传达深刻内涵的娱乐方式，应是当今新形势下电视文化的发展方向。多样化电视节目类型目的在于改变传播的形式，但更重要的是内容的革新，因此，创新电视节目的理念尤为必要。改变旧模式，以新思维创新理念，这是新媒体环境下传统电视进行对外传播的内在革新。

1. 邀请外国嘉宾参与中国节目

加深其他各国对当今中国的了解，这就需要在对外传播这种单向传播上，让外国友人参与进来。电视不同于互联网，它是一种单向传播，受众处于被动接受的地位，电视传播什么，观众就接受什么，没有机会形成双向互动。为了避免电视这种单向传播的劣势，可以转变思维，尤其是在传播中国特有文化时，可以邀请外国友人参与到中国节目中。出于国家情结和民族自豪感，受邀嘉宾所在国家的观众也会收看节目，在收看的过程中了解中国文化，形成间接的双向交流。我们也可以参与到国外电视节目中，展示中国文化。

2. 增强中国文化底蕴

现阶段，我国正处于快速发展阶段，中国是全球发展的强大动力之一，面向世界传播中国文化和中国精神，是包括电视在内所有媒体必须承担的职责。

电视节目在对外传播中国文化和中国精神的同时，要增强节目的中国文化底蕴，考虑运用怎样的传播方式达到最好的传播效果，这也需要分析国外受众的理解能力和接受能力。现有的电视资源十分丰富，利用好这些资源，融入中国文化和中国精神，增强中国底蕴。

网络日益发达，人们越来越多地利用视听新媒体了解、认识世界，但是电视这种传统媒体拥有着其他媒体所没有的优势，受众基数大、节目形式多样、选择性大……电视在对外传播方面依旧扮演着重要角色。电视如何把中国文化和中国精神传播至世界各地，需要动用电视的优势、避免其劣势，寻找新途径。新媒体的出现的确给电视带来了压力，因此，电视需要找出新媒体不具备的传播方式，增强自身竞争力。电视对外传播中国文化和中国精神，不仅是在提升中国形象,向世界展示中国历史的悠久、中国文化的厚重和中国智慧的博大,同时也激发了中国人民的民族自豪感和自信心。

3. 对文化的维系和构建

电视作为家家户户都存在的家用电器,已经渗透到当代社会的每个角落。人们已经把看电视当作了日常生活的一部分。电视的诞生,史无前例地影响了人类的生活方式、思维方式和生产方式,它可以让全世界在同时共同关注、参与同一个事件。电视文化潜移默化地改变了人们的思维方式。

流行的电视节目所体现出的电视文化是反映当前社会共同体中多数人的心理、偏好和需求的一扇窗。电视节目包含着的正是电视的文化属性,是满足人们物质和精神需求而产生的,带有物质文化与精神文化。

(1)电视剧对文化的维系

电视剧是体现和传达文化的各种手段中最贴近生活、影响力最大最深远的。电视节目在一个多文化种类的星球上,不同文化的人们彼此之间的交流是不可避免的。电视提供了展示不同文化机体的平台,而电视剧以当下传播最广泛、受众最多、渗透最深的优势成为文化交流互动中最为直接的艺术形式。电视剧作为特定文化的载体,能表现一个国家、民族的大众行为与思维模式、审美趣味及欣赏习惯,等等。

构建一个和谐的电视文化平台,需要从媒体到频道再到节目多方面的合作,需要确定科学的管理机制,这就是电视文化中的制度文化。整合有限的资源,加强集团化建设,减少恶性竞争,倾力打造地域性文化品牌。

（2）电视媒体的产业化构建

建立一套以市场为导向的节目生产、流通和播出体系及其相应的管理体系，把电视行业纳入中国市场经济的大体系中。内部整合发展，通过跨区域合作经营与兼并，联合组成跨区域新媒体。突破行业限制壁垒，实行跨媒体立体整合，实现资源重组。

电视频道专业化与风格化构建。同一个电视节目不可能吸引所有的观众，所以观众分流是必然出现的。电视频道应该明确自身定位与受众定位，正视这一点，对现有的资源进行理性的整合，使一个频道的节目专业化，锁住观众中的一部分人的视线，才能更好地获得发展。需要保证专业化频道的节目来源丰富、充足，拒绝庸俗与低级趣味，展现理性追求和人文关怀。对频道节目内容深度挖掘，找出受众所想知道而不知道的卖点。

电视节目的品牌化构建。电视节目的品牌化建设应该有长效、持久的支撑性资源，确立电视品牌节目的明确定位。以丰富的节目内涵和优秀的节目质量来构建电视节目品牌。保持不断创新和自我超越，随着观众精神需求的转变而转变。面对开放后的国际市场，要创立中国品牌电视节目的民族品格。

电视文化并非孤立的、偶然的存在，在一定程度上受到社会文化环境的影响和制约。确立了科学合理的管理体制和思维理念，才能保证中国电视文化产业的良性发展。电视产业究其本质是一种创意产业，电视传播的竞争在很大程度上也取决于创意的竞争。有创意的电视节目在保持外在形式常出新的基础上，更应及时剖析当下的社会心态，用适当的内容潜移默化地抚慰与影响受众的心灵，激发受众的共鸣，这样的节目才会具有持续发展的可能性。

第三节　新媒体时代中国文化传播的思路

新媒体是一个相对的概念，是报刊、广播、电视等传统媒体以后发展起来的新的媒体形态，包括网络媒体、手机媒体、数字电视等。新媒体亦是一个宽泛的概念，利用数字技术、网络技术，通过互联网、宽带局域网、无线通信网、卫星等渠道，以及电脑、手机、数字电视机等终端，向用户提供信息和娱乐服务的传播形态。严格地说，新媒体应该称为数字化新媒体。

新媒体具有的及时性、互动性、开放性、大众性、丰富性等特点，能有效地突破信息时间障碍、空间障碍的优势，最大限度地提供文化之间的交流、传播。在有效利用新媒体的一系列优势提高文化的传播力的同时，对于文化之间的交流传播也要做到"各美其美，美人之美；美美与共，天下大同"。因此，必须善于利用这种新形式的推动工具和推动力量，将中国传统文化推向世界，增加中国传统文化在全球的影响力，打造自己的民族品牌，走出一条具有时代特色的中国传统文化传播道路。

一、加强新媒体管理

新媒体的快速发展与使用，的确给人们带来了诸多好处，但是新媒体的出现也带来了各种问题与各种弊端，比如手机传播秩序杂乱，规范性不强等。这些社会问题有碍于文化传播的健康发展。只有从不同层级的管理上去规范行为、督促自律，新媒体才能更好地为中国传统文化的传承与发展做出有力的贡献。

新媒体技术的无形和无孔不入的特点给我们带来了新的网络安全问题和版权问题，因此法制管理工作就应该跟上新媒体的发展。具体的措施就是：

加强对新媒体行业、企业的管理，主要是企业间的行业自律、企业对用户的管理。

行业自律可以通过企业间规范舆论环境，规范行业竞争的自律，签订行业自律公约等来实现，可以通过新媒体行业中管理较完善、合理的企业牵头带动其他企业一同制定和遵守行业自律公约等。企业对用户的管理，就是要加强对新媒体的安全技术与管理技术，通过技术手段来抵制新媒体传播中不良信息的传播，例如传播中对于每一个客户隐私的保护，解决传播信息中不良的"谣言"问题。

二、利用新媒体传承和发展中国传统文化

中国历史文化悠久，拥有自成一脉的文化体系，这一体系中有很多优秀的文化因素，不管时代怎样变迁，我们都要做中国优秀传统文化的继承人，不可废弃。我们不仅要吸收外来文化的精髓，也应传承我国的优秀文化传统，这样才能长久有效地提高我国文化传播的影响力，提高我国文化的软实力。

（一）利用新媒体传承中国优秀传统文化

随着文化传播速度的加快，国家和地区之间的文化必然会产生共享与融合，而在这一融合过程中，以本地区、本民族的文化为发展潮流中的主要文

化，与外来的文化共同存在，共同发展的行为，称之为文化发展的多元化。各国家，各民族文化之间的关系是既对立又统一的。各国家、各民族文化发展的过程正是矛盾发展的过程，而在这个漫长的过程中，各民族、各国家不同文化的交流与融合中不断对立与统一造就了文化发展中的文化多元化，只有优秀的传统文化才能在漫漫历史长河中继承和发展。

在文化传播多元化的过程中，新媒体充当着纽带与桥梁的角色，互联网以及相关媒体传播媒介的传播优越性，使得文化多元化过程中已经不存在地域、时间等因素的限制，这是文化向着多元化的方向发展的先行条件，毫不夸张地说，新媒体技术若不曾发展，文化多元化的进程是不会如此之快。

文化发展中所萌生出来的文化创意、文化发行以及将抽象的文化演变成具象的文化作品，这些都需要新媒体技术来提供技术支撑，例如当下的3D电影市场，3D电影的制作大量运用了新媒体数字技术，旨在给人以逼真的视觉效果。数字技术的运用让人们可以更直接，更立体的感受文化，发自内心的热爱传统文化。通过这样的应用，不难发现娴熟的使用新媒体技术，可以让文化的价值得到最有效的凸显，能激发人们对传统文化的了解，同时更能大幅度地提升文化的创新能力。继而更好地进行优秀传统文化的传承，提高中国优秀文化传播的影响力。

同时，要合理科学地使用新媒体资源，让它成为传统文化传承的重要载体。尤其是新媒体的智能化功能，在日常生活中已经运用得十分的广泛，例如，电子信息资源的便捷性、存储量大的特点，可以在新媒体上搜索到有地方特色与历史特色的书籍，可以通过音频与视频的播放感受到原生态的优秀文化的真实情景，可以通过新媒体资源搜索到优秀民族特色建筑的图像，这些都是电子数字信息的智能化功能。当你有需要了解或者研究某项传统文化，并且条件不允许的时候，只要点击搜索就能搜索到需要的信息。

不但如此，电子数字信息的智能化功能，为有关传统文化的宣传效果起到了巨大的效用，进行传统文化宣传的相关人员可以利用新媒体进行声情并茂的宣传教育，让受教育者身临其境、感同身受，能让受教育者真实、完整地体会传统文化，宣传教育的效果当然就更好。

合理科学地利用新媒体的资源，不仅使人们的生活更加便利与智能化，而且还能大大地降低文化运行中的成本，节省的开支可以更好地发展文化事业。

（二）利用新媒体力量加快中国文化发展

中国文化历史悠久、博大精深，是中国人民勤劳与智慧的凝结，在历史的长河中，早已经与我们的血脉紧密相连，随着新媒体技术的不断进步，以及家之间交流的不断促进，中国文化成了一种民族精神的象征，对全世界产生着深远的影响。新媒体工具手段的进步使得世界的距离在不断缩短，世界的交流越来越密切，在即时通信软件、社交网站等新媒体交流平台的每一次转发与分享都是文化传播的一次推动与融合，必须善于利用这种新形式的推动工具和推动力量，将中国文化推向世界，提升中国传统文化的国际影响力，塑造具有中国文化品牌形象。

1. 转变文化传播观念

随着新媒体的迅猛发展，文化传播的主体、文化传播的内容形式、受众接触和接受信息的行为和心理都已发生了重大的变化，新媒体的市场份额和社会影响日益增加。新媒体由于其技术上的优势，必将成为文化传播重要的平台和渠道。要顺应这种新媒体的发展趋势和文化传播的发展形势，认识到这种形势对文化传播的影响，确立文化传播的新理念、新战略、新思路。

2. 打造传统文化传播多元主体

历史上，传统文化的内容生产再生产是由精英知识分子通过著书立说、授课讲学等方式进行的，产品生产则局限在专业的工匠和手艺人群体，很大程度上讲是一种精英化、小众化的"职业生产"。在传统媒体时代，文化内容生产的技术门槛依然很高，如电视节目制作需要专业的摄录、剪辑和播出等设备，技术专业性强、流程环节多、制作成本高，没有充足的人财物支撑很难涉足其中。相对单一的传播主体不能适应大众传播时代的现实需求，制约了传统文化的传承传播。而借助新媒体力量，传统文化生产可以扩展到整个社会的层面，形成职业生产与用户生产共同发力的格局，实现传播主体的多元化拓展。新媒体消解了文化传播的技术壁垒，降低了传播参与者的门槛，丰富多样的媒介载体，特别是自媒体的出现，极大地扩大、丰富了内容生产主体，专家学者、文化和教育工作者、民间艺人以及普通传统文化爱好者等群体都可以参与内容的生产和传播。同时，受市场和政策激励，专业文化机构和社交平台也纷纷抢滩文化传播阵地，成为传统文化传播的生力军。

此外，传统媒体的传播是单方向、直线式的传播，受众接收信息后传播活动基本结束。但在新媒体传播中，受众不再被动地接收信息，可以及时进行反馈，并作为传播节点能动地进行转发、分享，实现信息的二次发布，具备了信息发布者和接收者的双重身份。以传统文化的短视频传播为例，与广播、电视等传统媒体相比，短视频的技术难度不高，制作成本极低。在当下流行的短视频平台，普通群众也可以轻松成为视频内容创作者，为传统文化的传播提供了崭新的渠道。

3. 充分利用现有的全球知名新媒体平台

目前，媒体企业可以借助知名平台的影响力来扩大文化传播的覆盖面和影响力。只要通过这些大平台上传递符合相对应的信息，传播的内容更符合受众的需求，与受众进行更加密切的交流互动，也能不断地提升中国传统文化传播的影响力。

新媒体企业应多举办一些线下的体验宣传活动，有利于新媒体在文化传播领域影响力的提升。如在国外举办一些培训班、讲座、交流会等活动让海外受众更多地了解我国的新媒体产品，让海外受众更多地关注我国的新媒体，壮大文化贸易，从而达到更快速地文化传播。

第五章 新媒体时代文化传播的发展与建设

第一节 文化传播在新媒体时代的发展

一、新媒体环境复杂的多样性

（一）新媒体环境具有创新性

现如今，新媒体凭借其给人们带来的诸多便利而成为越来越多的人接受信息的主要媒体。新媒体的发展不仅使传统文化发生了翻天覆地的变化，也改变了整个文化发展的格局。那么，在新媒体环境下，文化传播方式有怎样的变化呢？从实质上来看，新媒体让整个社会实现了信息公开化和传播速度化。只要有媒体的地方就会有信息，它让传播的思想深入人心，植根于信息的分享状态。

创新是一个民族的灵魂，也是一个民族的核心竞争力，任何民族只有不断创新才能在市场经济的条件下站稳脚跟。文化传播也一样，只有把文化传播致力于新型的媒体环境下，结合实际，大胆创新，才能使文化传播的方式更加多样化。

（二）新媒体环境具有复杂性

在新媒体时代还未到来之前，人们要想把自己的思想传播出去，只能通过传统的方式去传播。这就使得文化传播方式比较局限，传播范围也比较狭窄。但是当新媒体来到这个社会以后，他们就再也不用犯愁怎么传播思想文化了。一条信息可以迅速地传到全国各地，或许在不经意间，一种新型的思想马上就被广大的人民群众所接受了。这体现了新媒体传播文化方式的一个质的变化，也是质的一个巨大提升。

例如：以前是通过书籍和报刊进行文化传播的，自此有了电视、网络，大多数的文化传播就可以通过电视和网络来实现。因而，很多人抓住这个商机，把书版的小说故事改编成电影、电视剧。有一些电视剧还能根据历史来编排。这些都体现了新媒体环境下文化传播的多样性和复杂性，因而要正确使用新媒体进行文化传播，做到物尽其用。

（三）新媒体环境的独特性

在当今社会，无论男女老少，无一不感受到了新媒体工具在生活中的巨大作用。新媒体工具运用广泛，新媒体环境具有独有的作用和特性，这是其他文化传播方式所不具备的。文化的开放性为多媒体的运用提供了很好的条件，这又反作用于文化领域，再传播到每个人的意识里，从而使人们的思想慢慢变得前卫和开放起来。这些都需要生存于这个新媒体时代的人充分把握时代给予他们的机会，在适当的时机选择适当的方式进行文化传播。

二、文化传播方式在新媒体时代的特性

（一）文化传播方式丰富化

文化传播又称为文化扩散。文化的传统传播方式很单一，导致了文化的传播受阻。社会生活中最直观也是最常见的传播方式莫过于人际传播。新媒体时代到来以后，手机、电视、互联网使文化传播得到了飞跃式发展。任何文化传播方式的优势都需要借助一定的手段才能得到更好的发挥。文化多样性是文化交流的前提。尊重文化的多样性，有利于促进世界文化交流，开展文化交流有利于维护世界文化的多样性。

（二）文化传播方式大众化

以前文化传播除了普通大众使用人际传播之外，几乎没有适合的文化传播方式。而在新媒体的影响下，文化传播方式再也不是少数人的特权了，普通的大众只要想传播信息，一条简单的短信等都可以让全世界的人知道。现如今，文化传播方式不仅广泛而且趋近于大众化，这些都刺激了文化的广泛传播。

三、新媒体环境下文化传播取得飞跃发展

（一）新媒体环境下文化不断融合

近半个世纪以来，随着科学技术的进步，世界各国在文化上的交流变得紧密而频繁。世界慢慢成为一个不可分割的主体。在全球一体化的进程中，文化差异在不断缩小，日渐趋同。新媒体文化传承了旧媒体的有利的一面，

摒弃了旧文化传播的不足，结合不同的、新颖的媒体传播方式，促进文化的不断融合。

（二）新媒体环境下文化传播速度加快

当人们享受着文化传播的自由空间和即时互动时，文化传播也随着新媒体时代的到来发生了微妙的变化。文化的传播和新媒体的变化是分不开的，也可以说它们之间是相辅相成的。传统媒体传播文化知识有一定的局限性，现在新媒体的发展得到了大多数人的认可，人们借助新媒体传播文化，使得文化传播的速度加快了不少，也满足了人们随时随地接受信息、互动表达以及娱乐的需要。人们可以全天 24 小时获取来自全世界的信息。文化信息的内容也更加广泛化。文化共享就意味着文化从大众中来，又到大众中去。

以即时通信软件为例，即时通信软件是集影像、声音和图片为一体的新媒体之一，开设有语音、视频、图片浏览等交流功能。如果一个地方发生什么事情，只要在即时通信软件上发一条信息，马上全世界就能知道这件事。在外地工作的人想见家人，也可以通过语音功能和视频功能和家人聊天，方便快捷。

新媒体时代打破了只让看、不让做的局面，让大众参与到文化传播中来。文化传播也因此加快了步伐，速度快得惊人，这就进一步扩展了新媒体对大众的影响力，同时也使得文化传播得到了更多人的认可，为大众提供了一个近距离的交流平台，实现了文化在更广领域的快速传播。文化快速传播的理念在一定程度上产生了正能量效应，同时也促进了文化传播的快速发展。

（三）新媒体文化传播与传统媒体文化传播并驾齐驱

很多人认为，有了新媒体助文化传播一臂之力，就应该把传统媒体丢掉，但事实并非如此。新媒体确实给文化传播带来了巨大影响，也促进了文化传播飞跃式的发展和变迁，但是这也改变不了传统媒体传播方式在文化传播中的根基地位。传统媒体是新媒体的奠基石，新媒体是传统媒体的升华，因此，只有把传统媒体和新媒体结合起来，才能更好地促进文化的广泛、迅速传播。只有发挥新媒体在文化传播中的新作用，结合传统媒体的正能量，才是对文化的尊重，才是传播文化的正确方式。这正所谓不同的舞者，同一个梦想。只有实事求是地发挥好新媒体和传统媒体的作用，才能产生巨大的能量，才能推动文化传播的健康发展。只有优化传统媒体，充分利用新媒体，优优结合，实现文化的最佳传播和扩散，才能让更多的人了解文化，学习文化，这才是文化传播最终的目的。

四、避开弊端，发挥新媒体文化传播优势

随着媒体技术的不断发展，文化传播也面临着巨大的机遇和挑战，这就需要在文化传播的过程中，适时抓住机遇，争取使文化得到最广泛的传播。但在这个过程中也要注意避开新媒体带来的负面影响，减少文化传播过程中的曲折化。

因此，必须加强对新媒体的管理，引导人们正确使用新媒体对文化进行适当传播。要让广大人民群众知道在使用新媒体传播文化时，哪些可以共享，

哪些是只能私用的。引导大众正确判断，科学分清虚拟和现实的区别，面对现实，充分发挥自身的道德模范作用，努力按照更高的道德要求，做一个合格的文化传播者，使文化得到最合适的传播。

第二节 新媒体时代对中国传统文化的影响

一、新媒体时代中国传统文化的传播途径

（一）新媒体时代对中国传统文化传播的影响

在新媒体时代背景下，网络信息技术不断创新应用，以数字化技术为载体，承载了数字图形、文字、声音、视频、图像等技术，对进行中国传统文化的传播具有积极的作用，有利于中国传统文化的传承与发展。新媒体时代对中国传统文化传播的影响主要表现在以下几个方面。

1. 扩大传播范围

新媒体促进了传播技术创新，出现了多种数字媒体传播方式，新媒体传播方式具有高效性、便捷性等特点，能够实现快速传播，同时扩大了中国传统文化的传播范围，扩大中国传统文化受众范围。

2. 创新传播方式

新媒体技术的发展，为中国传统文化传播方式提供了创新途径，可以通过记录的方式，使这些中国传统技艺保存下来，并通过网络途径进行传播。

3. 扩展传承空间

新媒体技术的发展，为中国传统文化的传承扩展了空间，比如一些博物馆利用数字技术对文物进行复制，通过建立完善的文物 3D 成像，依托数字技术介质，实现中国传统文化传播途径上的突破，特别是打破了时间与空间上的限制，对于中国传统文化的继承发展具有重要作用。

（二）新媒体时代中国传统文化传播存在的问题

1. 传统文化传播没有受到广泛重视

新媒体时代的到来，人们更加追求新、快、异，媒体传播的内容也以能够吸引受众眼球的文化信息为主，而经历五千年传承的中国优秀传统文化却被部分人看作"古董"，一些人认为，中国传统文化虽然宝贵，却与人们的生活脱轨，中国传统文化当中的"艰苦奋斗""仁义礼智信"与现实社会无法有效契合，所以并未重视中国传统文化的传播。

2. 碎片化的传播方式不利于中国传统文化传播

新媒体技术依托的核心是通信技术与计算机技术，而无论这些技术如何加持，新媒体世界始终是虚拟的，而从现实世界传承下来的传统文化，在新媒体时代传统的过程中，必然会受到技术上的影响，束缚了传统文化传统行为。

3. 传播质量不尽如人意

在社交媒体上关于传统文化的传播信息量不足，关于传统文化的传播主要集中在网络社交平台上各地方政府的政务账号、传统文化研究组织的账号中，而在各大社交媒体中却很少能看到传统文化的身影。在社交媒体上关于传统文化的传播内容良莠不齐，使得传统文化信息被扭曲，这对于传统文化的传播非常不利。

（三）新媒体时代中国传统文化传播途径

传统文化作为主流文化，必须保证其传播的信息量，否则容易在大量的网络信息中"淹没"自己，因此要通过增加信息传播量来保障传统文化的主流文化地位，提高人们对传统文化的关注度，这样才能够利用新媒体实现传统文化的传播。

首先，要打造新传播平台，从多个维度进行传统文化的展示。在新媒体时代，人们获取信息的方式与渠道更加快捷，因此可以采用建立中国传统文化传播门户网站的方式，依托新媒体技术进行中国传统文化的整理与保存，打破传统的传播思维方式，利用新技术、新手段来吸引更多的受众。

其次，要丰富中国传统文化传播形式，将传统文化与新媒体平台有效结合在一起，在传统内容与传播形式上进行创新，不仅能够丰富中国传统文化传播途径，而且能够加快地区间的信息交流，以此来提高中国传统文化传播的效率。

再次，要利用新媒体平台互动，来实现传统文化的有效传播。可以利用社交平台，建立传统文化研究学者、传播人员、受众之间的社区平台，为他们之间的交流与学习提供良好的渠道，这对于增加传统文化传播空间具有重要作用。

最后，建立系统的传播模式。在新媒体时代中国传统文化传播过程中，需要建立系统的传播模式，从而优化中国传统文化传播途径，让受众更深刻地体会中国传统文化的内涵。要注重中国传统文化的"体验式"传播模式。中国传统文化是在历史的沉淀中形成的，因为时间久远，所以具有隐秘性质，容易与现代社会脱节，因此，需要利用"体验式"的传播方式，让受众用自己的感官去体会中国传统文化，用最真实的情感反应去认同中国传统文化。

传统文化是中华民族的精神命脉，在新媒体时代，传统文化的传播面临机遇与挑战，传统文化传播方式的改变，推动了全新的传统文化传播体系的建立，因此要结合新媒体时代的特点，探索创新的传播方式，以新媒体为载体，进行中国传统文化的传播与弘扬。

二、新媒体时代中国传统文化传播的困境与创新策略

（一）新媒体时代中国传统文化传播的困境

1. 新媒体时代使人际传播和文字传播受到一定程度的冲击

对于文化传播而言，人际传播和文字传播这些最为传统的传播方式有着重要的影响力。新媒体时代，受众更多的是被数字化产品所包围。文化传播更多的是思想上的交流、言语上的激励和精神上的慰藉，更多的是人与人之间、人与社会之间的情感归属和维系。

由于历史承袭和渊源等各种原因，有些传统文化并不适宜新媒体的传播方式。新媒体技术手段的优势促使人们更易接受并选择新媒体，无形当中让部分不适宜新媒体传播的传统文化面临无法传播的境地。

2. 新媒体时代信息管理较难

由于新媒体的发展过于迅速，加上新媒体的一些新技术手段使得目前针对新媒体的管理难上加难。致使每天大量的信息充斥于新媒体，甚至很多是虚假信息、负面信息，对传统文化形成冲击，有些不法分子甚至利用新媒体的传统文化传播获得了渠道和工具。在信息大爆炸的新媒体时代，人们真假难辨，有时甚至很难在海量的信息中找到有用的、真实的、所需的内容，新媒体这种畅通无阻式的传播势必给传统文化传播带来不利影响。

3. 传统文化本身与新媒体之间需要磨合

中国传统文化有着诸多自身的特点，世代传承延续，源远流长，有着鲜明的民族特色，世代积淀并为大多数人所认同，涵盖经济政治、哲学宗教、文学艺术等各个层面，有着强大的内部凝聚力，形成了一种文化关系整体。传统文化本身的诸多特点，使传统文化传播依然躺在历史的长河中静默，面对新媒体这种发展迅猛、突如其来的传播媒介，适应需要一定的时间。

4. 新媒体的娱乐化、碎片性冲击着传统文化传播

新媒体瞬间性、碎片性的传播方式，对传统文化的简化、解构、快餐性消费，使传统文化成为简单机构的文化符号复制，难以达到文化传播的真正效果。

（二）新媒体时代中国传统文化传播的创新策略

1. 加强对中国传统文化的保护与挖掘

"中华文化是历史的沉积，是中华民族生生不息、团结奋进的不竭动力。它既包括物质形态的文化遗产，也包括以非物质形态存在的非物质文化遗产，这些传统文化遗产记录着中华民族在长期历史进程中形成的价值观念和审美理念，是文化延续和传承的重要载体。"

面对新媒体的冲击，我们首先要抓紧时间保护和挖掘传统文化，要全面认识祖国的传统文化，取其精华、去其糟粕，使之与当代社会相适应，与现代文明相协调，保持民族性，体现时代性。

2. 提高受众素质

新媒体时代构筑起全新的语境时空，从根本上打破了人际交往的时空障碍，人与人之间应本着"以人为本、和谐共存"的理念，自觉提升精神文明素质，主动传播正能量，传播优秀传统文化，实现文化的传承与社会的进步。"在新媒体传播语境下的自由与自律及社会监管具有辩证统一关系。在一定意义上，自由为自律的出场创造了条件，而自律与社会监管恰恰是自由的保障。"通过提高受众的素质，提升文化的接受程度，削弱"数字鸿沟"的影响，通过新媒体的新兴媒介手段，为传统文化传播提供更为快捷方便有效的传播方式，使新媒体时代传统文化传播的方式不断调整，以更好地适应传统文化的传播。

3. 推陈出新，打造适宜新媒体传播的中国传统文化精品项目，主动占领新媒体空间

时代在发展，新媒体为广大受众所接受，人们的学习、阅读习惯正越来越向新媒体转变，中国传统文化自身要主动迎合新媒体时代的到来，要积极主动占据新媒体空间，在弘扬优秀传统文化的基础上学习、借鉴各民族文化中的精华成分，创造出具有特色的中国传统文化精品项目，推陈出新，打造适宜新媒体传播的传统文化精品项目，赢得受众的尊敬、信赖与重视，使中国传统文化自身在新媒体的空间中有着更大的话语权。

4. 加大对新媒体与中国传统文化结合的开发与应用，构建文化传播产业链

"加大对新媒体技术的开发与应用，进一步激活文化产业创意、设计、生产、发行、消费的整条价值链。"科学合理地配置新媒体资源，使中国传统文化传播变得更为智能化，给受众带来前所未有的文化体验，通过新媒体的技术手段，服务中国传统文化传播。同时整合社会资源，使中国传统文化传播与社会资源紧密结合，积极利用互联网、数字技术、现代软件等高新技术，融合中国传统文化，推动文化生产方式、传播方式的创新，拓展文化服务功能，延伸文化传播的空间和辐射范围。

5. 构建完善合理的中国传统文化传播渠道

新媒体时代，网络、手机等具有极强的优势，但文化传播渠道也不能全依赖新媒体，中国传统文化的传播在以新媒体为主阵地的同时，充分发挥传统媒体的优势，做到新媒体与传统媒体传播渠道的有机结合。同时，应以内容传播为基础，为社会大众提供有用的文化和信息，在内容上把好关。

第三节　新媒体对中国传统文化传播的影响

随着社会的不断发展，科学技术的进步，新媒体能借助计算机、手机等终端服务传播信息提供给广大的用户，可见传播力的广泛。新媒体从兴起以来就逐渐改变了世界呈现在人类面前的样子，它更丰富更全面，也带来了更为驳杂的局面。但不能否认新媒体越发与人们生活相关联，它无与伦比的互动性和广泛的传播渠道以及性价比高等优势促使它逐步成为现代传媒产业中的重要组成部分。中国传统文化承载着历史底蕴，积淀着中国灿烂的文化，但要适应这个日新月异的社会，就必须充分利用新媒体的优势打开新局面。

一、积极的影响

新媒体的优势对中国传统文化传播带来的积极影响，在于新文化丰富了中国传统文化的传播方式，扩大优化了传播格局的路径，也给中国传统文化带来了新的发展机遇。

（一）丰富了传播方式

随着互联网和信息技术的高速发展，新媒体为中国的传统文化开辟了新的天地，打破了时间和空间的局限。人们可以通过手机和电脑等传播载体去体验传统文化，而传统文化的传播不再局限于文字图片的形式，借助新媒体的声、画、影等现代视听艺术增强其声色效果，在能够带来文化的熏陶同时也是视听的享受。根据近几年的网络使用数据的情况，新媒体拥有十分庞大的用户群体，它在全球一体化的进程中大放异彩，不同国家不同地域的人可以通过新媒体实现即时交流，增强了参与性，它的便捷自由获取信息的方式已成为当代的主流模式，这也给传统文化的传播带来了更多的可能。譬如在互联网上检索相关的传统文化内容就有很多信息资源提供，教学视频更是纷繁多样，用户可以在家中就能观看千里之外的教授者讲课。

（二）优化了传播模式和格局

近几年来，新媒体在传播中国传统文化的过程中不断创新和重新定位，使得新媒体出现各类新艺术形式，生动形象的表现形式增强了人们对文化的感知能力。新媒体的出现打破了时间和空间的界限，覆盖率和全时段传播范围使传统文化资源有针对性地进行传播，提高了传统文化的传播效果。新媒体的传播也带来全新的交流方式，任何人都能通过网络发表各自的言论和见解，平等而自由的双向传播构建了一个全新的文化传播体系。此种传播方式增强了互动的频率和信息传播的改变，无形中提升了社会的凝聚力和文化认同感。

（三）迎来了历史发展机遇

传统文化是一个国家精神面貌和文化精髓所在。近年来中国不断加强对外的传统文化交流的宣传，而新媒体的兴起让传统文化在全球化的浪潮中迎来了新的机遇和挑战。中国的传统文化以多种文化形式面向世界，在世界兴起大大小小的"汉语热潮"，更多人愿意了解中国文化、学习中国文化，甚至远赴中国来感受传统文化的魅力。

二、消极的影响

在新媒体对传统文化带来的积极影响的同时，也可能带来消极的影响。

（一）传统文化内容在新媒体传播中可能会丢失内在蕴意

新媒体在海量资源信息的背后也存在急需剔除和优化的内容，而新媒体以互联网为载体不受时间和空间的限制的优势延伸而来的，是类似于快餐进食方式，新媒体的碎片性和瞬间性的传播特点对阅读带来了困扰，受众难以在短时间内整理散乱的信息并吸取其精髓所在，快速获取的知识信息常常流于表面。

新媒体的优势在于它的多元化，而多元化也影响了传统文化的"纸媒介"的存在，"无纸化""图像化"带来的是纷繁复杂的图像音频等传播内容，挤压了传统文化的发展空间，带走了书面文字所带来的体悟享受，冲击了中国传统文化的内核价值的体现。好比有的漫画化的内容大多数是对传统文化文本上的大肆改动，只顾考虑迎合市场，破坏了传统语言文字的内在蕴意。传统文化的美感在于它的内涵多情，读者在只言片语中细细体味出的深刻蕴意，图片的直观呈现也局限了读者自发的联想空间。

（二）传统文化内容可能会被娱乐庸俗侵蚀

新媒体的互动性和参与性构建了一个全新平等的双向大众传播体系，赋予强大的传播能力，但自由的传播和构建模式可能催生出其他难以消解的负面影响。好比如今炙手可热的社交公众平台，在大量的用户中为博眼球出现许多段子手，滥用诗词改编出"脍炙人口"的古意网语，美名曰"腹若锦绣，善用诗词起新城"。久而久之，传统文化本身的寓意可能会被抛之脑后，新媒体的传播力和娱乐性悄然将传统文化本身所赋予的美感抹杀。

三、优化新媒体对中国传统文化传播力的方法

新媒体的宣导影响力不容置疑，但要规避在传播过程中出现的消极影响有赖于加强对中国传统文化的深度挖掘和保护，以及从优化系统构建出科学合理的传统渠道等方式。

（一）加强对传统文化的保护与挖掘

新媒体时代有利于传播中国传统文化，但要注意不能本末倒置为宣传而流于平庸。应善用公众信息服务平台的宣传传播功能，大力发扬传统文化的内在。将传统媒体的优势充分运用到网络平台的宣传上，在古文学上对此进行深入的探索，以原创文学拓出一片净土，营造出舒适的交流氛围，有利于增强中国传统义化的互动性。举办各类的线上活动宣传中国传统文化，比如诗词写作交流，这样不仅丰富了参与者的文化生活，也更利于达到宣传中国传统文化的目的。

（二）构建完善合理的中国传统文化传播渠道

构建科学合理的中国传统义化宣传渠道，应充分利用传统媒体和新媒体的优势进行融合。传统媒体应吸取新媒体的数字技术的功能拓宽传播平台，在面对新媒体时代下的读者人性化进行细分，充分把握住自身的优势，在原

基础上做优化升级，打造多元化的新型数字形态产品，不断提升传统文化产品的影响力。

新媒体技术的发展和繁荣也为中国传统文化传播带来新的格局和渠道。传统文化的传承方式已不能满足时代的需求。线上教育平台已成为新媒体时代教育的重要方式。传播传统文化里尤为重要的组成部分，网络教学课程服务目前已能满足备课和课程作业、测试等要求。学习者可充分利用自己琐碎的时间去学习，并通过测试来评估自身的学习成果。对外，搭建一个开放的网络教育平台，打造以学生为主体的教学模式，充分调动学生的学习兴趣。在各大国外的大型慕课平台上展现中国的传统文化魅力，提供让外国人了解中国传统文化的学习平台，让国外的学习者有交流探讨的空间，这对于中国传统文化的传播有着深远的积极影响。

传统文化是历史的延续，它的丰富内涵和不可取代的价值在于它不断地吐故纳新。传统文化并不代表着过去式，它传承着时代伟人的思想道德、文化审美。新媒体的出现给传统文化带来了新的活力，在新媒体的平台上加强和创新传统文化教育和传播。从辩证的角度分析利弊，将新媒体投入现代化社会的传统精神文明建设的进程，充分调动平台特性赋予的活力，以新媒体拓宽传统文化的传播范围，以科学合理的方式将传统文化的传播推动到新的层次。

第四节 新媒体文化传播能力建设

一、新媒体文化传播特点

（一）交互性

互联网的出现属于时代发展的产物，新媒体应用过程中间接改变信息传播手段以及人们的生活方式，随着多媒体信息技术的大范围应用，信息传播交互性越来越显著，这在一定程度上打破了时间交流方面的局限，例如超文本链接能够实现多种信息的有效组合，为使用者的工作带来了极大的便利。正是多媒体交互性特点，极大地调动了人们对生活的好奇心，这对新媒体应用范围扩大有促进作用。

（二）丰富性

调查资料显示，我国网民数量呈逐年递增趋势，手机网民获得了较多的群众支持，这种类型的上网终端具有较高的信息融合度，网民能够便捷化携带手机终端，并能随时随地地接收、转载、评论网络信息。新媒体技术应用的过程中，多媒体信息展示形式具有多元化特点，如文本信息、动画信息、声音信息、图像信息等，这也是新媒体扩大发展空间的主要特点。

（三）快速性

信息传播经历了不同阶段，最开始信息传播具有口语化特征，随后信息传播进入印刷阶段和电子阶段，现如今，信息传播呈现网络化特点。新媒体终端普遍走进人们的生活，并且作为丰富业余生活和人际交往的主要工具，通信工具具有信息传递及时性这一特点，例如，微博社交软件的出现，信息传播速度和数量均显著提高，网民在操作微博的过程中能够转变自身角色，即从信息接受者转变为信息传播者，从某种程度来讲，传统传播手段以及信息组成结构均发生着明显变化。毋庸置疑，新媒体传播优势无论是从信息传播速度，还是从信息传播数量来讲，均是传统媒体不可比拟和超越的。

从新媒体传播特点能够看出，借助新媒体传播文化具有可行性和迫切性，文化传播的过程中充分发挥着新媒体的传播优势，大大增强新媒体文化传播的能力。

三、新媒体的基本影响

（一）有利于完善文化传播体系

新媒体未出现之前，文化传播体系相对单一，文化传播速度较慢。新媒体出现之后，文化形式越来越多样，文化信息量越来越丰富，文化分类整理的过程即文化传播系统完善的过程，同时文化传播渠道会随之拓展。新型传播媒介应用于文化传播，是对传统传播方式的全面突破，文化传播流程随之优化，现如今数字化媒体应运而生，进而文化传播系统会被再次整合。

（二）有利于引导多元文化形式

新媒体影响体现于多元化文化形式，新兴媒体出现的过程即社会文化形成的过程，文化借助新媒体完成传播的活动，能够形成一定的文化规则，与此同时，新媒体能够改变人们对其认知即应用方式，受众也能获得良好的应用体验，受众能够全身心地感受新媒体的应用优势，这对文化传播、文化交融提供了平台。新型文化形式会随之出现，这不仅会对文化传播系统的再次升级，而且还能彰显文化包容性特点，这对增加文化发展机遇有促进作用。

（三）有利于改变文化传播方式

人们使用新媒体的过程中，个别终端无须进行实名验证，即终端操作者能够打破人与人交流的局限，还能加强个人信息保护，这有利于交流者互相吐露心声，最终实现优质、高效的交流目标，并且交流者之间的凝聚力会大大增强。以往交流者只能被动地接收信息，现如今交流者能够以信息提供主体的身份完成信息交流活动，从某种意义上来讲，文化传播具有带动作用，文化内涵能够全面彰显，文化传播者能够客观地完成文化传播活动。

要想充分发挥新媒体在文化传播中的积极作用、增强新媒体文化传播能力建设效果，务必采取有效措施提升中国传统文化传播能力。

四、在新媒体环境下提升中国传统文化传播能力的有效措施

（一）掌握新媒体的积极意义

为了实现新媒体在中国传统文化传播方面的有效性，应掌握新媒体的积极意义，彰显强化文化传播能力。首先，文化建设效果不断优化。由于世界现已联成统一整体，人们欣赏文化的过程中为了满足精神需要，借助这一载体传播文化报道方式，确保文化传播活动紧密联系生活实际，通过人民群众的积极参与，强化民族认同感，这对文化传播能力具有提升作用。由于文化产业不同于其他产业，文化传播的过程中新媒体应充分发挥监督引导作用，这能在一定程度上打破文化传播局限，同时受众接收的文化信息具有真实性特点，这在一定程度上会正向引导受众，进而受众能够主动参与文化传播活动，新媒体会在受众广泛参与的引导下改变传播方式，确保所传播的文化对受众全面吸引。新媒体还会间接地引导文化产业发展，文化产品能为受众带来良好的视觉体验，有利于充实受众的精神世界，这在一定程度上会丰富信息传播内容，文化产业发展的过程即新媒体进步的过程。

（二）借鉴先进经验

应主动借鉴先进经验，联系实际情况，进而制定适合的发展模式，确保新媒体文化传播效果不断优化，这能够为新媒体文化传播奠定良好基础，有利于为文化研究者提供理论支持，使中国传统文化传播速度不断地加快。

（三）打造特色文化品牌

要想提高文化认识水平，应借助新媒体打造特色文化，树立文化品牌，这不仅是文化强国战略的基本要求，而且能扩大文化传播范围，确保文化走进国民内心。由于文化品牌建设时间较久，因此，特色品牌打造的过程中应做好文化宣传工作，通过舆论引导营造良好的文化传播氛围，一旦文化品牌成立，文化影响力会随之增强，这间接关系到我国国家形象，与此同时，国民自信心也会大大增强，文化传播者会不断地提升自我能力，文化传播者能够主动了解新媒体，在文化传播的过程中充分发挥新媒体的优势，促进特色文化品牌的成功打造。

（四）掌握受众心理

受众作为文化传播的主要参与者，要想优化文化传播效果，应大体掌握受众心理，例如，在网络社交平台传递信息内容后，信息接收者和阅读者能够自由评论和转载，进而在网络社交平台官方通过总结受众评论了解受众的内心想法，从中分析受众的思维方式和特点，进而明确受众在文化传播方面的基本需求，最后通过适合的文化传播手段完成文化传播活动，进而受众能够在文化传播工作中发挥主体作用，新媒体的应用次数会随之增多，这对新媒体的中国传统文化传播能力提升、传播效果优化有促进作用。

第六章 中国传统文化传播新模式——以中国传统戏曲文化为例

中国戏曲文化的传播对于中国文化的传播有着至关重要的作用。本章内容将会深入挖掘中国戏曲文化的内涵,并对中国戏曲文化传播中的创新人才培养、传播媒介以及传播方式进行详细的研究分析。

第一节 深入挖掘中国戏曲文化内涵

一、中国戏曲文化的价值

优秀的传统文化,顾名思义,是一种具有一定文化价值和影响,能够一直受到尊重、学习和传播的文化。优秀的传统文化需要在现实生活中得以运用。同时,还要通过优秀的传统文化展示价值观念,增强人民群众对传统文化的信心和社会凝聚力。

戏曲是中国文化和传统文化中的一颗明珠。丰富多彩的地方戏曲展示了中国文化艺术的多样性,满足了人民群众多样化、丰富的文化需求。重视发展戏曲,是尊重和维护人民文化权益的重要举措,是尊重和维护文化多样性、满足人民精神文化生活的必然要求。戏曲文化是一种内涵丰富的文化现象。

（一）戏曲文化的思考

艺术创作最基本的原则就是把它作为反映社会生活的手段。艺术创作虽然处理了艺术在社会生活中的规律，但社会的真谛并没有改变，它比现实生活更清晰。戏曲作为一种艺术门类，也以反映生活为己任。

1. 戏曲的载体

戏曲的题材范围虽然十分广泛，但是其基础仍然是人们的现实生活。题材的要求也会根据时代的变化而变化。因为戏曲自身的特性，它对于历史持有一份特殊的情愫，所以人们常说，一个国家的戏曲历史便是这个国家的历史。细数戏曲的剧目，从上古时期的大禹治水开始，戏曲对于中国历史上每个朝代的生活与事件都有涉及。当观众在观看戏曲时，实则也是在了解历史。

时至今日，随着社会的高速发展，人们的生活水平在不断提升，戏曲的题材应在尊重传统剧目的同时去贴近生活，根据现实生活的需求，努力去创作能够体现时代气息的剧目。

2. 戏曲的传承

在漫长的封建社会，教育的普及远远不够，广大群众没有机会接受教育。但他们接受历史和社会知识有一条捷径，那就是看戏。因此，有人以"看戏如读书"来评价戏曲的教育功能。另一方面，戏曲表演生动、动人、艺术水平高。历史上中国戏曲艺术有300多种，深受大众喜爱，堪称发达，居世界第一。因此，在很大程度上，它是戏曲演员一代又一代的继承和发展。戏班是中国戏曲史上一种主要的教育形式，是继承中国戏曲的优秀传承方式。中国的各种戏曲都有戏团，它是一个大规模培养戏曲人才的教育中心，对戏曲艺术的发展起到了重要的作用。大多数优秀的戏曲演员都出自戏班子。戏班的教学方法对以后的戏剧艺术教育具有重要意义。加强学校的专业教育，对戏曲的继承与创新、培养高层次的戏曲人才具有重要意义。

3. 戏曲的表演

中国戏曲表演是一门综合性非常强的舞台表演艺术，在戏曲的舞台表演之中不仅有戏曲本身的文学、人物、舞蹈和音乐，还有与戏曲有关的灯光、舞美以及道具等。戏曲的整体表演都需要将这些因素进行综合考虑，但舞台表演最重要的是要满足观众的心理需求。戏剧的剧情要更加流畅、曲折、动人；戏曲人物的表演要真实，给观众树立起人物形象；戏曲的音乐要在尊重传统的基础上符合现代人的审美情趣；戏曲的舞美要充分利用现代科技，衬托出舞蹈的时代特色。

（二）戏曲文化的艺术性

中国文化的一大智慧在于"简"，即少则胜多，以简控繁，以易解难。这是超越物质存在限制的智慧和自由的创造。

中国的传统文化与艺术的本质是要人们追求精神上的自由与富足。戏曲是将虚实相生的艺术形式用于表现生活进而超越生活，既揭露出了客观事物的本质，又进行了主观感悟的表达。

孤独感是人类都具有的一种情感，这种真实存在的深沉情感是需要关注的，中国戏曲的起源与归宿也是源于此。无论是浅唱还是高歌，无论是豪迈刚毅的武侠形象，还是开玩笑的噱头，所有的艺术形式都包含着一定的情感节奏和曲线。无论是《宋世杰》中的"四进士"还是《野猪林》中的"大雪飘飘"，都能够给观众带来情感上的共鸣。

戏曲表演不仅实现了"万物皆备于我"的情感表达形式，而且实现了"物我皆忘"的艺术超越。超越时空的限制，人的共同情感在戏曲的艺术形式中清晰地存在，这也是中国戏曲几千年来始终具有生命力的原因。戏曲以最精辟的形式表达了凝练的情感，它不仅塑造了剧中的人物，而且满足了无数观众的情感。

《毛诗序》中指出："⋯言之不足，故嗟叹之，嗟叹之不足，故咏歌之，咏歌之不足，不知手之舞之，足之蹈之也。"艺术是为了满足人类的情感需求，自然界给予人们多种多样的表达方式，而戏曲的唱念做打是一种人类为了进行情感宣泄所创造出来的艺术表达形式。

（三）戏曲文化的传统

1. 戏曲文化的艺术形式与传统同在

如今，编剧和导演往往走在中国戏曲创作的前沿。然而，无论文本有多好，戏曲的魅力最后都通过舞台或演员的表演来实现。这就要求专业人士对中国戏曲的魅力有正确和完整的认识，使得他们所创作出的戏曲富有审美内涵。并且，戏曲演员要对内容理解深刻。人们不能过于注重戏曲的表面形式，而不去对戏曲的内涵进行深刻地挖掘和理解。只有表演完美生动，才能发人深省。戏曲是一种艺术形式。虚实结合是实现的手段，写意精神就是精神。

只有从流传下来的许多经典剧目中理解运用各种"词汇"的目的，才能回归戏曲艺术的生命力和灵活性。只有当我们阅读和背诵戏剧，我们才能理解传统，认真创作。

2. 戏曲文化的根是传统

纵观中国戏曲的发展过程，其实是与中国文化的发展历程相同的，现代的汉语并不是对应着汉语的魅力，中国的古典诗文才是汉语魅力的体现。现代文学大师，大多具备深厚的古典文学功底。世界上的所有文明想要发展都不能脱离"学"的范畴，所谓"学"指的就是学习传统，学习历史所沉淀与遗留下来的文化结晶。对于这些我们不仅要进行学习，而且要深刻、广泛地研究。而人们常说的"与时俱进"和"创新"其本质是"用"的问题，就像《文心雕龙》中所描述的，是"望今制奇，参古定法"。

在现代戏曲的发展中，需要学习的不仅是演员，还有导演、编剧、舞蹈演员、作曲家和观众，尤其是那些从事戏曲理论和批评的人。只有经历了足够多的经典作品，我们才能理解什么是戏曲，才能谈批评。有些传统戏曲的评论家们往往对它知之甚少。

时代和社会的变化会导致文化潮流的变化，但文化的承载者可以选择方向。文化精英也许不能决定文化的走向，但他们可以定位自己所处时代的文化高度。文化精英肩负着引领公众的责任，他们应该努力提高自己的文化品位，用高质量的审美体验和崇高的人生境界激励大众。在中国戏曲的悠久历史中，戏曲始终以崭新的面貌面对观众。但是，中华民族的文化精神以及艺术精神是始终存在于所有中国人的心中的。虽然当前的社会已经逐渐全球化，但越是如此，我们就越要坚持民族的个性与精神，民族人才越是喷涌，就越要将民族人才培养成国际化的人才。戏曲不应该去过分迎合市场的喜好，而是需要像"竹石"一般"任尔东西南北风"。

二、中国戏曲文化的精神

（一）戏曲文化的精神在民间

中国戏曲的起源是中华民族的民间文化，在繁多的中国戏曲起源因素之中，无论是原始的巫师音乐、舞蹈，还是后来的说唱，滑稽戏，都有明显属于民间文化的形式。中国戏曲无论是兴盛还是跟随时代的发展，都是现在民间流行起来的。尤其是当宫廷开始重视以后，戏曲在民间的兴盛便更上一层楼。然而，即使是后来的具有高雅品位或宫廷风格的戏剧，也明显带有一些"民间"成分。正如一些评论家所指出的：当民间的文化对各种文学、文本进行渗透时，产生的影响是如此的巨大，它既能够将破碎的形式与主流形式意识相结合，又能够在主流意识形态中排斥它。当它被否定时，它以自我否定的形式出现在文艺作品中，它就有了自己的魅力，这在中国戏曲史上有很多例子。例如，《四郎探母》即使它成为宫廷剧之后，忠君意识占据了突出的位置，但其形式和风格仍然保留着明显的民间叙事痕迹。

"民间"在英语中的对应词是"folk lore"，意思是"民间的知识"或者是"民间的智慧"。所以，"民间"作为一种审美文化，并不是单指中国传统乡村经济社会，而指的是在法治社会的基础上形成的城镇商业市民社会。更为关键的是，"民间"更能够呈现出一种人们理想化的精神归宿与原始文化价值的尺度。民间的理想精神不是独立于人们的现实生活之外的，而是以人们的现实生活为基础，对生活中的现象与事件进行深刻的理解，甚至在一定程度会进行道德的评价。

民间的理想精神会在人们唤起激情和勇气的过程中产生，在某种情景下，民间的理想精神与道德理想很有可能无法满足人们在现实社会中需要的社会规范和伦理规范，但是却能够为人们提供新的审美空间与精神理想。

民间文化有着自身的历史过程与生命历程。民间理想和民间智慧将人们在民间生活时的状态与逻辑完整地呈现出来，也是一种民间生活所特有的自由式的道德力量和文化魅力，民间文化代表着生活在民间的人们自身特有的充满活力的文化精神。

我们知道，早在先秦时期，《荀子·成相篇》作为一种文学创作，直接采用民间流行的"成相"文艺形式来宣传自己的社会政治观点。虽然这种"成相"曾被视为传统戏曲的原始形式，但它有着后世戏曲（如唱腔）的一些必备元素，但与真正的戏曲还有相当大的距离，不足以成为真正的戏曲源头。荀子虽然有意识地吸收、改造和利用"成相"这一民间文化形态因素，但它不是以民间文化为基础的，充其量只是一种"准民间"的文学创作。它吸收了民间智慧的一些成果，也与真正的民间文化产生了距离。

戏曲并非如此。如上所述，中国戏曲艺术作为一种审美文化，千百年来在它的发展中创造了特定的精神品格，体现了其独特的文化智慧。在这个过程中，戏曲是建立在世俗文化、民间文化和大众文化的基础上的。它不仅深受儒家文化的影响，而且表现出一定的道家境界追求。从剧中不难看出，儒、道、庄、禅思想与文人文化、风土人情形成了明显的交汇点。然而，中国传统戏曲一直以民间文化为基础。中国戏曲相对较晚的成熟，在于其长期的民间文化孵化过程；而一旦形成，就表现出一种晚熟的品位和风格，并以其独特的艺术模式反映出根植于民间的博大精深的诗性智慧。它之所以能成为艺术的"模式"，不仅是一些有才华的艺术家感性经验的积累，更代表着深厚的民间文化智慧的积淀。因此，戏曲作为中国传统民间文化智慧的结晶，不仅是其形式技巧和物质的借鉴和运用，更是其精神价值取向的传承。

在中国戏曲中，庸俗与高雅的结合是如此的巧妙。然而，在通俗中却有深刻的含义，即使是像戏曲中喧闹的锣鼓，也有一种特殊的深沉味道；或者说，戏曲中最不起眼的"龙套"总能体现出"以一当十，以少总多"的深刻魅力。正如钱穆在评论京剧时曾经指出的那样，京剧往往非常简单粗暴，"舞台不进行设置，它只是一个空洞的世界。锣鼓声表明这是一个喧闹的世界，时而悲伤，时而快乐和谐。这只是一个生活背景，它象征着锣鼓声中的生活情怀。因此，中国戏曲的表演可以说是在开放的舞台上，在嘈杂的表演中。它不仅具有深刻的诗性，而且具有深刻的哲理性，使人沉浸其中。他们忘记了应该忘记的，得到了他们想要的"。因此，戏曲的智慧未必能使人充分了解世界、人情和伦理道德，从而获得人生的真谛，但或许更重要的是让人们在情感陶醉中得到一些人生的启迪。

（二）戏曲文化的精神是乐天悯人

戏曲体现了什么样的文化智慧？它的真正内涵是什么？对此，有一种颇具影响力的观点认为，中国戏曲属于一种"乐感文化"。王国维曾提出："吾国人之精神，世间的也，乐天的也。故代表其精神之戏曲小说，无往而不著乐天之色彩，始于悲者终于欢，始于离者终于合，始于困者终于亨；非是而欲廖阅者之心，难矣。"因此，戏曲最主要的特点是追求世俗的欢乐，更多的是表现中国人的喜怒哀乐。结合民俗，戏曲表演往往带有中国人"狂欢"的色彩，从祭神比赛、歌坛庙会等方面各种公共或私人庆典的集市。这种观点乍一看似乎是合理的，但仔细研究却自相矛盾。

在中国文化传统中，所谓"乐"，表现为立于不败之地、自强不息、忠于君主的积极心态；所谓"忧"，包括灰头土脸、空虚、无忧无虑、迷茫不安，对中国传统人格的培养和生命价值的实现起到了非常重要的作用，同样，它们也对中国美学和艺术创作产生了巨大的影响，做出了明显的贡献。因此，作为中国人的生命智慧，它们代表着两种不同的人生态度和立场。作为生命意识的体现，它们都来源于人们感性的生命体验，与普通中国人的生活体验息息相关。然而，对于凝聚着无数中国人情感生活的戏剧舞台来说，其内容不仅局限于"忧乐"二字，而且不可避免地具有对人类苦难深刻的记忆和再现。应该说，欢乐的日子、娱人的心情、悲悯的情怀不是相互排斥、分离的，而是彼此成全、相互结合；幸福和悲悯成为人们价值追求和情感诉求的审美主题剧的表现。

首先，从戏曲"乐"的层面来看，固然"乐者，乐也"，中国传统戏曲总是以娱人为本，表现出人们乐观的情怀。戏曲成为中国传统大众审美娱乐的一种重要方式，与民间性、世俗性的大众娱乐文化特征是分不开的。娱乐似乎是戏曲最重要的一点。因此，在戏剧创作和欣赏中，普遍存在着一种求乐的心理。在早期戏剧中，戏谑甚至成为一个非常重要的内容。现存的一些南戏剧目随处可见，如插科打诨等搞笑表演，有的甚至脱离情节，即兴发挥，以娱乐观众为目的。这种娱乐性特征即使在昆曲、京剧发展到高度成熟的昆曲、京剧之后，仍然可以保留下来，这与西方注重模仿、复制、动作相结合的戏剧截然不同。正如钱穆所说："西方戏剧追求的是现实主义，它的言行必须完全接近现实，使戏剧与生活密不可分。但中国戏剧只是一种为了摆脱现实的无知游戏，中国京剧把生活变成了绘画、舞蹈和音乐。中国人对生活太认真了，所以有让人放松、解放的戏剧。"由此可以看出，中国戏曲始终从世俗生活情境中寻求完美的舞台表现，寻求现实生活价值的寄托。所以，戏曲虽然与中国传统政治、宗教、伦理道德等密切相关，但毕竟不是一种高层次的说教，也不同于宗教教义的确立。

戏曲追求的是一种现实的、情感的娱乐。特别是庙会、市集乃至各类演出都具有明显的节日意味，甚至具有庆典的功能。到目前为止，在一些地方戏曲中，有许多专门为节日而设计的戏曲，即所谓的"彩头戏"。例如，在部分地区，在元宵节经常表演《月明和尚度柳翠》；过生日时表演寿星《寿红袍》。

然而，在文人自觉投身戏曲创作之后，戏曲不仅是市场的娱乐，更是李渔所谓"闲适"文人作风的表现。同时，它也给戏曲带来了一些新的特质，使戏曲在追求游戏娱乐价值的过程中寄托了丰富的悲情。因此，从戏曲的悲悯性来看，其娱乐大众的价值取向并不意味着它只是一种"大众狂欢"，也必然蕴含着博大精深的悲悯情怀。

自古以来，戏曲并不缺乏强烈的感情，并且富有同情心。中国戏曲的最高境界，在一定程度上是寓教于乐和悲悯相结合。一种幸福与忧患。因此，中国戏曲中"悲"与"苦"的意识，"乐"的抵消或矫正，起到的是一种对于它必要的补充作用。

第二节　积极培养创新人才

一、中国戏曲文化人才培养的思考

根据王国维的研究理论，纯中国戏曲起源于元代的杂剧，而元代的杂剧又起源于汉魏时期的百戏。它经历了以故事为主的歌舞剧和宋代闹剧。经过几代人一千多年的跨越，中国戏曲已经走上了成熟发展的道路。从元代关汉卿的戏曲制度至今已有700多年的历史，逐渐形成了自己完整而独特的艺术体系。清末，中国戏曲发展到鼎盛时期，大约有300种戏曲风靡全国。清末民初，越剧、评剧、黄梅戏等民间戏曲积极挖掘自身的潜在因素，与当时的社会环境相适应,得到了新的发展;中华人民共和国成立后,出现了陇剧、黔剧等新剧种。通过以上简单的回顾,不难看出,中国传统戏曲历史悠久,内涵丰富,它的发展背景与当代人的生活、思维方式和审美趣味有着相当大的距离。此外,由于语言、文化、风俗习惯的差异,中国戏曲的跨文化交际受到了诸多限制,因此,对人才的培养显得尤为迫切。

戏曲是中国传统文化的重要组成部分,集文学、音乐、舞蹈、美术、武术、杂技、表演艺术于一体,它有着独特的艺术模式,被誉为世界三大古代戏剧文化之一;它凝聚了中国各时代劳动人民的智慧,孕育了中华文明;它能够而且应该成为相互了解和沟通中外冲突的文化桥梁和精神纽带。此外,戏曲作为人类文化的重要组成部分,中国戏曲需要传播,因为文化交流是人与人之间、民族与国家之间不可或缺的活动。没有跨文化交流,就没有人类社会的生存和发展,更没有人类的进化和文明。正是通过跨文化交流,才能保持整个人类社会结构和社会系统的动态平衡,促进社会的融合、协调和发展。有学者曾说过的一句话,可以作为中国戏曲跨文化交流的最好注解:"西学仍在东方传播,中学也将向西方传播。各国人民的优秀文化正日益被中国文化所吸收,东西方也都需要向中国文化学习。"

中国传统戏曲跨文化传播的根本在于对专业人才的培养。

中国戏曲跨文化交际人才的培养首先要强调爱国主义精神。中国戏曲历史悠久、分布广泛,它既是道德的延伸,又是社会意识形态、国家意识形态、社会政治经济的综合体现;它是民族自信和民族自豪感的真正载体。因此,传统戏曲跨文化交际人才应具有与祖国前途命运紧密相连的个人前途命运的认知基础，具有勇于为祖国的繁荣昌盛贡献力量的职业意识，不断丰富和发展民族的物质文化财富，为人类文明做出自己贡献的事业意识。

中国戏曲能够将中国的传统文化淋漓尽致地展现，中国传统文化是中华文明成果的根本创造。它是民族历史上道德传承、各种文化思想和精神观念的整体形态。传统文化与我们的生活息息相关，融入我们的生活，我们在不知不觉中享受它。至于种类繁多的中国戏曲，经过长期的发展和演变，逐步形成了以京剧、越剧、黄梅戏、评剧、豫剧为核心的五大剧种，演出集"唱、做、读、玩"于一体。它的主要特点是分为生、旦、净、丑四大行当，戏曲服装、道具的风格、规格基本固定，用"套路"推进；另一方面，戏曲的上述理论和观念通过舞台表演得以体现，这充分体现了中华民族独特的精神追求和道德理想，同时在过程中分工明确，各司其职。

中国戏曲模式具有艺术性、技术性、关联性、独立性和复杂性等特点。因此，中国戏曲跨文化交际人才的培养，必须是一个以专业基础知识为基础，以第二语言为媒介，以第二语言文化为工作目标的长期、系统、多维的过程。比如，舞台效果的设计要为剧情的发展创造时间和空间，衬托人物情感，夸张戏剧氛围，突出戏剧矛盾，强化舞台节奏，丰富艺术感染力。这就要求舞蹈设计师不仅要有正确的文学理解、想象力和潜在的艺术再创造、相应的历史知识和艺术基础，还要能够掌握各种技术和应用。所有这些基本技能都需要专业知识的学习和实践作为保证。演艺界的演员们提高嗓门走上舞台，他们都是在"夏练三伏、冬练三九"中经过艰苦训练和反复练习而形成的真功夫。因此，我们可以说，要培养合格的跨文化戏曲传播人才，必须着眼长远，从现在开始。

义务教育客观上成为跨文化交际人才培养的起点。一般来说，义务教育覆盖6岁至14岁的人口，他们处于儿童期和青少年期两个完全不同的生理发育阶段，是身体发育、情感发育和知识积累的关键时期。在这一阶段，传统文化教育在构建和引领人生发展中起着重要的作用。此外，中国传统文化的内容众多，需要长期不断地学习和实践。跨文化人才肩负着两种甚至多种文化的交流与传播，需要扎实的母语文化作为积累。今后，当他们接触到不同的文明和文化时，他们可以有一个更敏感、更高层次的文化自觉，能够充分感知不同文化的内涵，能够更加充分有效地传播文化。

在完成义务教育和高中教育的基础上，依托高考，科学合理地选拔具有专业潜质的优秀人才，是培养中国戏曲跨文化交际高级人才的起点。高考成绩对跨文化人才的选拔和培养具有重要的参考价值。戏剧类专业应根据专业特点，重点考核不同的基础文化课程，因为这些课程是进入大学后专业学习的重要支撑，在达到高考总分的基础上适当合理倾斜。同时，戏曲所依赖的音乐、舞蹈、美术等专业能力也不容忽视。这可以通过艺考来考虑，并根据具体的专业培养目标，科学有效地选拔出具有专业培养价值、立志投身中国戏曲传播的优秀人才，真正做到不拘一格选拔人才。

跨文化传播离不开文化，而文化的一个重要组成部分是语言，甚至可以说没有语言也就不可能有文化，只有通过语言才能把文化一代代传下去。语言是保持生活方式的一个重要手段。具备了母语基本专业知识，跨文化传播人才还要以第二语言文化为目标，潜心学习。而外语则是跨文化领域的必经之地、必由之路，因为人们是借助语言保存和传递自身文明成果的。语言是民族的重要特征之一，是人们交流思想的媒介，它会对政治、经济和社会、科技乃至文化本身产生影响。语言与文化是内在联系的、无法割舍的。要了解一种文化，只能从语言开始。由此，外语学习的重要性和必要性已是无须赘言的了。

文化实践是培养跨文化交际人才的重要辅助方法，它需要艺术院校的教学环节应加强实践教学，包括组织学生观看不同目的的各种戏曲和演出，为学生创造机会让学生上台实践，从而促进和深化理论学习。如果我们培养的学生能够在一定的领域有经验，并有扎实的写作基础，同时也能熟练地运用外语进行相关的戏剧知识的系统传播，则沟通的强度应该更加可信和有效，即，可靠性和有效性的双赢。

跨文化交际人才的培养应是符合国际教育文化。为了培养具有中国传统文化意识的多元文化人才，课程设计与建设必须体现这一培养目标。也就是说，深厚的本土文化素养，包括对古典文学和当代文学及相关艺术领域的认知理解和运用，以及相应的专业知识和第二语言的熟练运用。第二语言不仅丰富了学习者的知识，还能使学习者掌握其他语言的结构、语法、语音等语言要素。在今后的文化传播实践工作中，它可以更方便、更容易被接受。严复是晚清启蒙思想家，致力于翻译，但他不光是做翻译的工作，他们经常用西方著名思想家的作品来表达自己的思想。

戏曲文化的传播表达了传播者的思想感情。为了真实、形象地传达中国文化，传播者对于第二语言所在文化的认知将直接对文化交流的效果产生影响。严复在英国的两年生活为他的翻译工作提供了知识、语言和经验，他的《天演论》对后世产生了重大影响。我们的教学要多渠道"走出去"，与被传播的国家紧密合作，创造多种合作模式，使学生的视野得到最大限度的拓展，让学生学习和欣赏文化、风俗、历史的方方面面，全面、真实地沉浸在国家文化中。只有这样，他们未来的交流才能准确，才能完成文化与文化的无缝对接。在当今高度一体化的世界，我们的教学也应该更加国际化，这是解决文化差异和冲突的手段之一。正如英国哲学家罗素指出的："不同文明之间的交流是人类文明发展的里程碑。"学生国际交流的时间、内容、形式和范围等都需要进一步明确。艺术院校作为中国戏曲跨文化交流高度合作的领域之一，在人才培养上要勇于担当、善于担当。

在中国戏曲的跨文化交流中，也应加强对海外留学生的选拔和培养。

对于世界各地热爱中国戏曲的人，特别是青少年，要根据不同年龄层次选择优秀的中国学校，分层次地普及和教育中国戏曲文化。同时，对热爱中国戏曲的世界各国人民给予政策和经济支持，使他们能够利用母语优势，对中国传统戏曲进行文化逆向传播，因为我们正在进行中国戏曲的跨文化传播，传播的任务之一就是"努力影响观众的心理过程，对传播主体形成良好的评价和行为倾向，广泛的良好评价和行为倾向可以有效加深双方的沟通，减少不必要的沟通障碍，实现中国在国际舞台上爱好和平、谋求共同发展的愿望。

中国传统戏曲的跨文化逆向传播，可以吸引热爱中国戏曲的各界人士，满足他们热爱中国文化、学习中国文化的需要，加深对中国的了解和信任，从而达到传播中国文化的最终目的，促进中外交流，促进世界和谐发展。

有学者说："在任何一个传播系统中，传播者的地位与他能够发送、组织、利用和回应信息的程度有很大关系。理解这一点很重要。如果一个传播者地位高、性情好、口碑好，那就意味着地位低下的传播者对自己的信息会更加重视，传播者的权力和威望越大，信息向上流动的压力就越大。"从宏观上看，一个国家的实力越强，其文化传播的渗透力就越强；从微观上看，一个机构的学术水平越高，其传播的学术力量就越大。基于中国戏曲独特的历史、民族、艺术特点，以及受众文化的地域性、多元性、复杂性等因素，依靠某一个人进行交流是不现实的。因此，跨文化交际的巨大文化链条将人与人之间的每一个相关点联系在一起，而个体是决定戏曲对外传播效果的构成因素。在中国戏曲的跨文化交流过程中，国家与个人的辩证统一是高度一致的。

十年树木，百年树人。中国传统戏曲跨文化传播人才的培养任重道远。

二、中国戏曲文化人才应具备的素养

（一）以传统文化为背景，深入戏曲艺术

古典文学、音乐、装、化妆等都是戏曲艺术的重要组成部分。作为戏曲学院国际文化交流专业的学生，首先要热爱中国传统文化，在日常学习和生

活中寻找和创造更多学习和体验中国传统的文化机会,并积极培养他们对中国传统文化的热爱。

1930年,纽约著名剧作家斯塔克·扬在看过梅兰芳的《汾河湾》《剑舞》《刺虎》等演出后,在点评中说道:"读了梅兰芳的表情、做工和剧中的所有规则,我完全理解了这些年我看不懂的书,而所有的疑惑都被梅君脸上的妆容和眉眼的描述所解决了。他的白、黑、红的排列就像古代瓷器。美君的坐姿和古画的姿势很多地方都是一样的,我觉得美君唱的小声没有障碍。我觉得梅君的声音和女人真实声音的区别,大概和剧中人物和普通人动作的区别差不多。这是一个纯粹的艺术动作,所以听起来没有任何令人感到不适的地方。"

从国际文化交流课程来看,与中国传统文化密切相关的课程包括:"艺术概论""中国戏曲鉴赏与体验""中国书画鉴赏与体验""中外戏剧史""艺术英语"等,其中"艺术概论"是一门公共课,另外四门是专业课。课程设置与教学内容难度之间的内在联系需要进一步分析和思考。从课程的学期分布来看,"艺术概论"在一年级的第一学期,"中国戏曲鉴赏与体验""中国书画鉴赏与体验"分别在大一和大二进行,"中外戏剧史"在大一下学期,"艺术英语"在三年级第一学期。这些课程主要集中在大学一年级,大一是培养学生热爱传统文化的重要时期。从学生艺术实践的角度看,大多数学生积极参加各类表演活动,为校内外艺术活动做各种宣传推广工作。大二和大三的课程中很少有美术课程。在教师的指导下,学生在学院规定的两个艺术实践周内,主要从事戏剧翻译、艺术策划和艺术研究。每个艺术练习周为期14天。

要结合教学实践、课程设置和艺术实践周安排，在时间和效果上做进一步的教学探索，进一步满足国际文化交流专业学生深入学习和实践中国传统文化的需要。

传统文化课程在各门课程中所占比例的提高是一个方面，另一个重要的方面是教育和引导学生接触戏曲，观察戏曲排练，观看演员表演。在潜移默化的影响下，逐步培养学生对戏曲的热爱和对中国传统文化的自信和自豪感。

（二）用理性的角度看待学生对戏曲艺术的认同感

目前很多人认为，当下的年轻人对中国传统文化缺乏兴趣。有教授全面调查了中国大学生对文化符号的认知和评价。数据分析结果表明，大学生对中国文化符号的认知呈现出高度的趋同和合理化。在大学生眼中，"最具代表性的中国文化符号"主要集中在"传统文化、政治文化和非物质文化符号"上。但在全国大学生眼中"最具推广价值的中国文化符号"前十位，京剧排在第七位。本研究显示，中国大学生普遍认为，京剧作为中国文化的象征，具有推广价值，应受到相关机构和部门的高度重视。在当前中国文化和软实力建设中，理性对待京剧大学生的身份认同具有积极意义。作为具有推广价值的文化符号，欣赏、研究、推广京剧乃至中国戏曲，是中国戏曲研究院义不容辞的责任和使命。

国际文化交流专业学生的戏剧身份不同于其他高校学生。究其原因，主要有三个方面。第一，这个专业的大部分学生从入学之初就热爱中国传统文化。一些学生在进入大学之前已经学习了多年的书法和民族器乐，包括古琴、古筝、二胡、长笛、扬琴等,并达到了一定的专业水平。正是出于对中国传统文化的热爱,他们希望今后继续学习和从事与中国传统文化有关的工作。他们选择了以中国传统文化为特色的中国戏曲学院。第二,在大学四年的培养过程中,逐步培养学生对中国传统文化的兴趣。四年来,学生们一直生活在戏曲的氛围中。走在校园里,他们经常能听到优美典雅的京剧、昆曲伴奏音乐。在中国戏曲欣赏与体验课程中,学生亲自学习和表演戏曲咏叹调。在欣赏和体验中国书画的过程中,学生在老师的指导下,自学练习中国书法,体验各种字体的演变过程,比较各种字体的异同。在浓厚的中国传统文化氛围中,有利于培养学生对中国传统文化的热爱。第三,如今毕业生数量不断增加,就业压力不断加大,这促使该专业的学生在积极应对就业压力的同时,思考自己的职场核心竞争力。与其他艺术院校的艺术管理专业相比,国际文化交流专业学生的核心优势是对中国戏曲的深入了解和理解,以及对外文化交流的理论和实践能力。从历届毕业生对就业和工作的反馈来看,以戏曲为代表的中国传统文化给他们的工作和发展带来了新的机遇。

(三)在培养戏曲艺术的过程中培养人文素质

一些学生在专业学习中追求实用主义和功利主义。有的只注重考试能力的培养。他们把获得各种"证书"、通过各种"考试"作为积极应对就业压力的"法宝",而忽视和弱化了人文精神和思想道德素质的培养和提高。专业学习固然重要,但大学教育的一个重要使命是培养学生的人文素质。

以戏曲为代表的中国传统文化所弘扬的传统美德、民族精神和时代精神，是中国传统文化的精华，既符合中国社会发展的客观要求，又反映了人们的普遍愿望。中国文化是一种"和谐"文化。中国传统艺术总是从审美取向上表现出对真善美的追求。同样，中国戏曲"至善""最美""和谐""完美""善恶有终"的审美和价值取向，既符合中国传统文化的要求，也符合世界"和平与发展"的主题。

（四）在中西交际实践中培养戏曲艺术跨文化交流的能力

目前，不少学校的国际文化交流专业开设了英语翻译和口译课程。从课程设计的角度看，这两门课程不同于普通外语院校开设的翻译课程。主要区别在于它是一种"任务型"和"讨论型"教学，以具体的翻译任务为教学主线。在课堂教学之外，教师可选择最能反映中西文化特点的教材，使学生在大量的课外翻译实践中，能在课堂上理解和运用翻译理论和方法。大量翻译实践活动的目的是培养学生灵活的汉英思维转换能力，培养学生发现问题、提出问题和解决问题的能力。在课堂讨论阶段，可以聘请语言能力较强的留学生参与课堂交流和讨论活动。

有人曾说："所以，我们就需要对真实语境下的戏曲艺术在跨文化交际中的重要性有正确的认知。第一，学生在真实的语言环境之中能够接触到真实的语言材料，当他们长期在一个语言环境之中，他们所学习到的语言知识便转化成自身的能力；第二，学生在进行跨文化交际时，他们的潜力和能力会得到进一步的开发与提高，进而增加他们在跨文化交际中的自信；第三，在跨文化交际的真实语境中，学生可以得到高质量的交际反馈，从而修正和更新现有知识，从而提高实际交际能力。"重要的是要科学认识跨文化交际人才应具备的戏曲艺术素养，加强教学实践的专业指导。既要有自己专业的教师，也要邀请国外的专业教师和研究人员，共同指导学生进行艺术实践，提高教学实践的质量和效率。培养戏曲艺术跨文化交流的人才，是一项值得不断探索和尝试的工作。

三、中国戏曲文化传播人才的培养

（一）戏曲文化传播人才应具有跨文化交际能力

1. 跨文化交际能力概念的界定

首先要我们厘清它的概念。跨文化交际能力的研究是在语言学领域发展起来的，它是一门新的学科，侧重于对现实文化的研究。1959年，美国文化人类学家爱德华·霍尔的经典著作《无声的语言》出版，首次使用"跨文化交际"一词。这本书的出版标志着跨文化交际的诞生。迄今为止，许多学者和专家从不同的角度对跨文化交际能力做出了不同的解释。有人认为跨文化交际能力是一个人的内在能力，它能处理跨文化交际中的关键问题，如文化差异、文化陌生感、文化群体内部的态度以及由此带来的心理压力。另一些则侧重于"恰当性"和"有效性"，即在跨文化交际的语境中，交际者的恰当性（符合目的文化的社会规范、行为模式和价值取向）和有效性（达到交际目的）。

但毫无疑问，一个人的语言能力并不等于交际能力。交际能力是一个复杂的概念，涉及语言、修辞、文化、心理等诸多因素。

2. 跨文化交际能力的构成要素

一些学者认为布莱恩·斯皮茨伯格（Brain Spitzberg）的跨文化交际能力理论是最简洁明了的。他认为知识、动机和技能构成了跨文化交际能力的三个要素，它们相互影响、相互作用、相互依赖。这三个因素应同时具备，它们都不能单独构成跨文化交际的能力。

首先，跨文化知识包括广义文化知识和狭义文化知识。广义文化知识从宏观的角度解释了跨文化交际现象，并对交际者的行为提供了一般性的指导。例如，了解不同文化中不同的文化模式和交际规则，可以帮助交际者认识到文化差异的重要性，提高他们对文化交际的敏感性。从狭义上讲，文化知识是指特定领域的文化知识，如在对外交往中了解对方国家的社会习俗甚至宗教信仰等。其次，动机是交际者在交际活动中的情感和心理表现。有些交际者有排斥陌生文化的心理因素，或对不同文化背景的事物或人有固定的看法。这必然会影响整个交际的效果，因此提高体验陌生事物的动机有利于提高跨文化交际能力。最后，技能是手段和行为。它包括良好的语言能力、对不同环境的适应能力以及与来自不同文化背景的人保持有效沟通的能力。

在跨文化交际的语境中，戏曲人才交际能力的构成离不开这些因素。为了成功地传播中国传统文化的精髓，可以运用大量的中西文化知识、积极的沟通动机和恰当有效的沟通技巧。

（二）戏曲文化对外传播人才的培养途径

培养戏曲传播专业人才的专业，旨在"培养国际文化交流与传播专业人才，注重戏曲艺术市场与管理的研究"。专业建设的方向是构建跨文化背景下戏曲交流专业人才的培养。在教学实践中，各门课程的基本内容是提高学生的外语交际能力，掌握中外文化知识，培养学生的市场经营管理意识，提高学生的艺术素质。

相关专业成立至今，部分学校在专业建设、师资队伍、教学科研、人才培养等方面取得了一定成绩，积累了相当的经验，从毕业生的就业方向可以看出，相当一部分学生从事文化事业相关工作，这说明民族传播专业的办学和人才培养值得肯定。但同时，我们也发现了一些问题，如：部分学校课程的课时安排和设置需要调整，学生对戏剧没有兴趣等，戏曲是传播的本体和主要内容。没有内容，交流的意义何在？有很多学生对专业不太清楚，误以为这个专业是英语专业。语言作为一种交际技能是非常重要的，但培养一个专业的戏剧翻译人才并非只有两年的时间。因此，如果这些问题得不到解决，势必影响本专业的人才培养目标。

一个合格的相关专业毕业生，应具有丰富的中外文化知识，熟悉中国戏曲文化，精通外语技能和艺术市场管理。这完全涵盖了上述跨文化交际能力的三个要素：知识、技能和动机。

首先，国际文化交流生是桥梁，承担着介绍中外文化交流的任务，这就要求学生具有丰富的中外文化底蕴。它是一个人的文化素质和文化内涵，决定着交际活动的水平和品位。它包含了广泛的内容：政治、历史、经济、美学、文学、哲学和社会文化习俗。学生可以开阔视野，获得广博的知识。因此，在文化知识课程方面，可以开设"中外哲学史""东方文化研究""中国戏曲史""中外文化交流史""外国文化史""英语国家社会与文化""跨文化交际"等课程。

同时，在培养学生丰富的文化涵养时，也要注意以下几点。第一，我们不应该盲目地追随外国文化，要认清我国传统文化中的优秀元素，认清中外文化的精华和糟粕，辩证地吸收和扬弃。第二，消除思维定式，避免对本国文化和外国文化采取刻板印象。如果这样发展下去，就会产生偏见，不利于跨文化交际活动的顺利进行。第三，要全面深入地了解中国优秀传统文化。许多学生对外国文化很感兴趣，但当他们提到中国文化中的诗歌、古典文学和哲学时却感到困惑。近年来，中国传统文化中的"和而不同""天人合一""和为贵"等优秀哲学思想成为世界公认的理论基础，具有世界价值。因此，学生必须具备扎实的中国传统文化素质。

其次，学生对戏曲本体知识的掌握。这类专业是为中国戏曲对外传播培养跨文化交际人才。戏曲知识是不同于其他专业的本体、特色和名片。围绕戏曲文化，开设"中国传统艺术戏曲""戏曲史""戏曲体验课"等课程，是艺术学校中的名片。

有的学生已经掌握了一些基本的戏曲知识，但远远不够。如上所述，一方面，学生本身对戏曲艺术不感兴趣，只有极少数学生喜欢戏曲艺术。有些学生认为戏曲艺术节奏太慢，程式化的表演形式不易接受，与现代消费时代的文化格格不入；另一方面，文化和价值取向的多元化，使得现代人面临着更多的选择。传统文化必然受到冲击。

中国戏曲要发展和传播，就要与时俱进，让国际文化交流专业的学生领略传统戏曲的美。在课程设置上，要加大戏曲课程的比重，实现戏曲知识、戏曲技能、戏曲欣赏的一体化教学，鼓励学生多学戏曲，潜移默化地熏陶和影响学生，最终提高戏曲欣赏能力和水平。

最后，语言技能作为沟通工具，和文化是密不可分的。语言是文化的反映，文化是语言生存和发展的土壤。语言是跨义化交际能力的要素，是跨文化交际的工具和保障。培养学生听、说、读、写、译的英语能力的最终目的是成功地进行跨文化交际。

当前的外语教学已经转向培养学生跨文化交际能力的教学，这就要求我们把人文文化教学融入语言教学之中，揭示语言背后引起误解和冲突的文化因素。教师不仅要注意语言形式的正确性，还要解释语言使用的规律和"恰当性"。要结合教材中的文本和文化背景，介绍和对比中外文化，加深对中外文化差异的认识。

（三）培养戏曲文化传播人才的艺术市场管理能力

艺术管理是一门新兴的学科，是艺术与观众沟通的桥梁。我国艺术管理专业人才培养目标是：具有高尚的人文精神和社会责任感，具有正确的艺术观和较高的艺术鉴赏力，掌握文化艺术市场的运行规律，具备现代管理的基本知识，经济、法律和基本的沟通能力。

通常认为,艺术管理者应具备"开阔的视野、细腻的微观创新能力;既要有研究素质,又要有批判内涵;既要有理论修养,又要有较高的管理和操作水平等",我们的课程包括"文化经纪人""艺术管理与实践""文化政策法规""文化创意与策划实践""文化营销与实践"等,培养学生艺术市场的管理能力,重点是培养学生的实践能力,把实践教学放在首位。

一个项目的制作是一个科学客观的过程,包括策划、产品(文化)创意、定位、宣传、推广、市场调研、综合传播等方面的内容,学生必须熟悉一个文化项目或艺术制作过程,最好参与其中。此外,学校应为学生搭建实践平台,打破课堂教学与课外实践脱节的局面。他们不应该盲目地纸上谈兵。比如,与艺术团、剧院、文化公司建立合作关系,鼓励学生参加一些有意义的实践活动,参加文化演出活动,在实践中检验自己的知识,提高写作能力、文化创意能力、市场营销能力等。

同时,学生也要有较高的艺术欣赏水平,了解艺术本身的内在规律。如前所述,国际文化交流的学生应该热爱和了解戏曲,了解戏曲艺术市场面临困境的原因。中国戏曲产业化也是一条必然的道路,它要求我们的学生运用现代企业的营销模式,实现戏曲产销结合,占领国内外文艺市场,但不能做违反艺术规律的事情。只有对艺术有很好的把握和理解,他们才能成功地管理艺术。

第三节 拓展戏曲传播方式与媒介

一、中国传统戏曲的传播困境与策略

戏曲艺术是中国传统文化的代表之一，也是世界古代戏剧文化之一。戏曲文化能够在世界传播中国的传统文化，提高国家的文化实力。中国传统戏曲文化所蕴含的和谐意识，对于树立和平的国家形象、传播和谐世界的理念，具有重要的现实意义。

（一）中国传统戏曲传播面临的困境

1.中国传统戏曲的对外传播方式与媒介较为单一

在古时候，文化的传播基本都是依靠人们之间的口耳相传。但是，随着社会的不断发展与进步、时代的变迁与改革，文化的传播方式已经发生了翻天覆地的变化。现代的文化传播并不再仅仅依靠人与人之间的口耳相传，而是更多地通过电视、广播、网络等方式进行传播。只是，这些文化的传播方式并没有将中国的传统戏曲文化很好地传播到海外，传播的方式还是较为单一，多元化的传播方式还是没有实现。即便是最传统的舞台表演，也无法在世界范围内进行大规模的传播。但也有许多成功的案例。例如，曾有著名京剧表演艺术家在美国主流媒体大力宣传的京剧《白蛇传说》和《锁麟囊》的演出。这一活动虽然不能从严格意义上说是一场成功的商业演出，但在文化上有一定的影响力，这给予了海外戏曲文化工作的同胞们非常大的鼓舞。但以上的案例毕竟只是少数，我国在对外交流时进行的中国传统戏曲演出并没有进行良好宣传，也没有形成系统的国际演出运营机制。

2. 中国传统戏曲的传播在思想内容上针对性不够强

事实上，中国传统戏曲是十分令中国人骄傲的一个文化符号，很多戏曲不仅在舞台上焕发光彩，在文学性是上同样非常出众。例如，人们耳熟能详的《游园惊梦》《红楼梦》等。但是，目前在部分人心中还存在一些保守和封闭的观念，导致中国优秀传统艺术在传播中相对被动。一些传统戏曲的跨文化交流局限于表面，这就导致了中国传统戏曲内容的局限性。如果没有深层次的交流，中国的魅力就不会为世界所知，跨国交流与合作的目的就无法进一步实现。

中国的戏曲作品表达的都是中国思想的内核。一方面，外国观众想要了解中国传统戏曲作品所表达出的思想，就需要去学习中国文化，要有针对性地去学习某一特定时期的历史背景等。

3. 中国传统戏曲传播面临的困境分析

针对中国戏曲在海外传播中面临的困难，经过专家学者的研究分析，提出以下影响因素。

第一是传播者。传播者包含传播组织、戏曲演员、戏曲作者、戏曲团体、观众等。有的传播组织容易忽视对民间文化的传播和培养，传播个体的综合素质不难培养，但是观众对于中国传统戏曲的认可度并不理想。

第二是信息传播。信息传播意味着传统戏曲固守传统，停留在表面，传播的剧目相对单调。部分输出的戏曲内容缺乏对文化内涵的挖掘，对戏曲文化形象背后的文化隐喻解读不足。

第三是媒体。很多时候，戏曲的传播方式还停留在大众传媒上，并没有将网络媒体的作用发挥出来。很多剧团没有稳定的海外演出渠道，而且很多演出是临时性和随机性的，整体缺乏国际化的绩效运营机制。使用的传播手段单一，没有对戏曲的海外传播产生影响。

第四是观众。异质的文化环境、戏剧的语言和文化差异是中国戏曲海外传播的障碍。长期以来，国外观众对戏曲欣赏的兴趣和期望还停留在外行观众的水平上。

第五是传播效果。传统戏曲海外传播缺乏战略规划、传播效果评价与反馈、传播数据的分析与统计，传播效果不理想。

（二）中国传统戏曲传播的发展策略

在全球化背景下，文化交流与互动日益增多，这给中国文化发展带来机遇与挑战。文化交流的发展应该遵守更多的国际规则，但只要我们及时了解和分析国际形势，把握好自身的文化优势，坚守文化自信之心，将有助于更有效地传播中国传统戏曲文化。

1. 以戏曲的文化内涵为主，展开跨文化传播活动

中国戏曲是我国优秀的文化资源。它历史悠久，具有鲜明的民族特色，经历了多年历史的洗礼，有着深厚的文化底蕴和广袤的文化体系。传统戏曲

成为中国历史结晶的原因是,戏曲本身的取材是从不同时期的历史人物或者英雄传记衍生而来的。观众不仅能够从戏曲作品中欣赏到演员的表演,还能在戏曲中了解历史知识,开阔眼界。从深层的意义上解读,观众在对中国历史进行了解的同时结合了自身的经历或已有的经验,对故事背后的本质进行了解读,从而将其运用到自己的现实生活之中。比如,传统戏曲中的正派官场戏则是对诚信的推崇,提倡为官之道,制止腐败,为国家和人民服务。代表人物是包拯、海瑞等历史上著名的清廉官员。对于观众来说,这样的传统戏曲传递着职业价值的思考。不管是什么职业,尽责是最基本的原则。

2. 以戏曲的创新发展为主,展开跨文化传播活动

我们应该选择具有创新意识和创新能力的戏曲表演者。对于戏曲文化的跨文化传播来说,在每个方面都有较高素质和发展潜力的艺术家对于戏曲文化的传播能起到积极的正面作用。在全球化的大背景下,传统戏曲的传播要求艺术家既不能固守传统戏曲的表演模式,也不能只靠创新来理解戏曲的本质。换言之,既要达到传播戏曲思想的目的,又要适应现代发展的要求。年轻一代的戏曲表演者往往具有更加开放的视野和更强的创意意识。这些青年艺术家出国后,他们的言行引起了各国的关注。他们和传播到海外的戏曲艺术代表着中国文明国家的形象和文化精神,为中国传统戏曲在海外的可持续发展提供了不竭的动力。

与此同时,我们还需要注重对戏曲产业新鲜血液的培养。近些年来,国家已经开始注意到了传统戏曲的重要性,为了培养和教育优秀的戏曲人才,

已经将戏曲作为一门课程列入高校的教育专业之中。高校的戏曲教育要在教学资源方面邀请戏曲名家进行课程的搭建和教学；在财力投入方面要增加对戏曲研究领域的投入，激发出戏曲研究者的兴趣和动力；在物质资源方面要满足戏曲教学和研究需要的所有设备，为提高戏曲教育和加快戏曲研究打下坚实的物质基础。

3.以戏曲教育为主，展开跨文化传播活动

可以在汉语课程中插入中国传统戏曲课程，让外国留学生既可以学习汉语和中国文化，又能够了解中国戏曲的独特魅力，进而达到宣传戏曲的效果。外国留学生在戏曲的氛围中进行学习时，不仅能够加深其对中国文化的理解，还能够提高他们学习中文的效率，让外国留学生在戏曲中能够找到共鸣，使戏曲成为外国留学生与中国文化之间的纽带。

二、现代中国传统戏曲传播的方式与媒介

（一）影视传播

随着新兴传媒技术的大范围应用，影视传媒等传播形式的出现为中国戏曲注入了新的生命。科学技术的每一次革新都意味着中国戏曲艺术的表演多了一种新的可能性，也为中国戏曲艺术的传播增加了新的生命力和独特的审美情趣。电影是一种银幕媒体，它具备了记录、艺术再创造和情景再现的功能。录音功能是自然、真实的场景写实，艺术再创造主要表现为蒙太奇叙事模式和画面艺术语言；电影的复制功能主要是拷贝与发行。电影的录制功能

是十分真实的，这就与"写意"的戏曲艺术不太容易"相融"。所以，戏曲电影既要能够体现出戏曲元素，还需要运用蒙太奇的叙事手法和画面艺术语言来表现出戏曲艺术的魅力。

戏曲与电影媒体的融合，改变了以往看戏曲的空间和方式，改变了传统的观看表演体验，增加了更多的视听表演方式。在当今，中国戏曲电影的制作应该形成规模效应。建议在商业电影放映线上留出中国戏曲电影的院线板块，建立放映渠道和财政补贴的院线模式，促进戏曲艺术的广泛深入传播。

电视的出现标志着大众传媒进入了电子传媒时代。与图书、报纸、杂志、电影等媒体相比，其媒体优势更为明显，表现为家庭电视传播的随机性和共享性，蕴含着电子视听技术带来的各种能量。

（二）互联网传播

近年来，互联网的高速发展将其衍生成为大众传媒的热门。互联网将迄今为止所有传媒手段的优点全部吸收，已经成为人们获取信息最为重要的渠道之一。互联网将信息的传播者与接收者之间的距离无限拉近，传播者与接收者并不是固定的，他们之间可以随时进行交换，这对于戏曲资源的共享和传播非常有利，而且还能够产生双向甚至多向的共享与交流。

有效运用互联网进行传播是戏曲艺术在现代进行推广的关键。只有充分地将互联网这一具备储存、检索、传播功能强大的平台利用起来，将中国传统戏曲中的梨园信心、名家作品、戏曲影视、图片、音乐、文学等联系起来，通过一些专业的门户网站、网页或者新闻等形式推送到广大的人民群众中，才能达到传播戏曲的目的。多媒体信息高速公路的普及缩短了生活中的时空距离，改变了"你演我看，你放我听"的单向交互模式，给了演员灵活的表演空间，给了观众更多的选择。

1. 手机软件（APP）传播

戏曲 APP 是由互联网专业技术人员和专业戏曲人员共同开发出的一款手机软件。该软件能够搭载市场上主流的操作系统，在 Android（安卓系统）和 IOS（苹果系统）的应用商店中可以检索并下载。戏曲的手机应用软件在 2014 年便已经推向市场，大致可以分为三类。

（1）资源型平台

该类 APP 能够根据戏曲类别、戏曲名家、戏曲剧目等为分类标准进行资源的整合。例如，某 APP 涵盖了京剧、豫剧、黄梅戏、绍兴戏、秦腔等多种戏曲类，并包含了 200 余为戏曲名家的选段，以方便戏曲爱好者能够观看或下 APP 的界面设计非常人性化、简洁化，在听戏的界面上有戏曲的唱即便是初次接触的新观众也能够理解戏曲的内容。此外，还有"黄梅"听京剧""中国昆曲学会"等戏曲应用，以某一类剧种为依托，提供丰富的戏曲资源。基于资源的戏剧应用程序主要是为观众提供一个听和唱的平台，它用手机取代了传统的电视或收音机，成为便携式戏剧通信硬件。这些话剧手机应用软件的开发促进了话剧传播模式的转变。

（2）互动型平台

互动型的戏曲 APP 不仅是一个资源整合的平台，还能够在平台之间进行听戏和唱戏互动。这类 APP 将重点放在了戏曲观众与戏曲名家之间的互动与交流上，能够让戏曲观众在观看戏曲的同时还能够满足唱戏、交流等需求。这里有名人堂、娱乐梨园、我要唱戏、戏曲欣赏、超级擂台、超级活动等比赛和咨询活动，它们是串联戏迷、艺术家、剧团、戏曲从业者和普通观众的主体，同时能够使观众与戏曲名家之间的空间界面消融，颠覆传统的单向传播模式，让每个人都成为戏曲的自媒体和传播节点。人们既是戏曲艺术的接受者，也是戏曲艺术的参与者。

（3）综合型平台

综合型戏曲APP，是将电视、互联网、移动互联网合为一体的综合性戏曲APP。它最终以移动应用的形式呈现。这类APP依托传统电视媒体，可以进行网络媒体创新。用户可以随时随地收看央视戏曲节目，利用手机平台讨论戏曲话题，利用电视资源构建网络虚拟戏曲社区。综合型戏曲APP的核心特点是在以广播电视为主的传统戏曲平台基础上，打造一个综合性的移动互联网传播平台。广播电视等传统戏曲传播平台包括广播、电视、音像版权，以及通过广播电视媒体形成的受众群体。这些元素被移植到戏曲APP中，以更加多元化的方式呈现，融合了戏曲资源、戏曲交流和互动的特点。综合型戏曲APP的传播路径是在与广播电视等传统媒体融合的过程中发展起来的。它形成了具有娱乐性、交互性和虚拟性的网络虚拟戏曲社区。

2.网络社交平台传播

人们在网络社交平台上注册和发布个人日记，网友可以通过评论与账号所有者进行互动。根据内容发布主体的不同，可以分为官方账号和个人认证账号。官方账号主要利用这类社交平台发布信息和与网民互动。个人账号是个人发布或转发各种信息的平台。

通过对网络社交平台的内容发布、咨询分享、交流互动等传播方式的分析，总结出戏曲在网络社交平台传播的四大特点：发布即时性、内容原创性、主体互动性、信息共享性。

（1）发布即时性

发布的即时性意味着作为媒体的官方或个人可以实时发布最新信息。

由于这类社交平台能够在最短时间内推送新事件，它具有传统媒体无法比拟的时效性优势。因此，戏曲观众可以随时随地通过这类社交平台获取所需信息，如剧院以图文形式实时发布戏曲剧目；如京剧演员及时发布自己与京剧文化相关的个人生活和内容；又如个人用户推送的戏曲信息，让碎片化时代的戏曲爱好者能够在第一时间获得准确的戏曲信息。

（2）内容原创性

内容原创是指基于个人喜好或官方观念而发表的独特内容。戏曲官方账号的原创内容主要是戏剧节目预演和戏曲活动。比如，某剧场发布的内容是多为节目预告，个人账号的原创内容是根据个人喜好发布的信息。个人的独创性保证了社交平台戏曲账号内容的独特性，这也是戏曲观众关注社交平台上的戏曲账号的重要原因，也是两者关注和交流的黏合剂。

（3）主体互动性

主体互动是指这类社交平台用户与发布者之间的动态接触，能够最大限度地扩大戏曲观众与戏曲文化的距离，实现戏曲信息的及时有效传播。这一特点为戏曲的传播带来了两方面的好处：一是它潜移默化地影响了戏曲爱好者以外的观众。在传统媒体中，戏迷之外的群体没有兴趣和条件接触戏曲文化。在社交平台上，可以从观众心理的角度切入戏曲，通过情感传递交流戏曲信息，帮助观众了解戏曲文化。二是可以使戏曲爱好者与戏曲公众人物、戏曲相关机构的关系呈现扁平化特征。戏迷可以直接向官方机构提出建议，戏曲明星不再是遥不可及的形象，这让戏迷们感到戏曲明星的生活是大众化的、贴近现实的，这大大提高了戏曲的传播效果。

（4）信息共享性

信息共享不受地域、行业等限制，用户可以随时随地共享和转发戏剧信息。它消除了戏曲组织、戏曲明星和戏曲观众之间的界限，实现了真正的无边界艺术交流。比如，通过社交平台上相关账号发布的戏曲方面的活动，有机会通过转发获得京剧脸谱选秀和绘画，这引起了戏曲迷的关注，增加了转发量。戏迷既可以是媒体，也可以是观众。以自媒体与受众的并行发展为信息源，以转发和话题讨论为信息传递渠道，实现官方与个人的双向沟通。比如，一些戏曲演员在社交平台上结合戏曲和个人生活与戏迷分享，让戏迷了解戏曲演员的真实生活。这种真实性在一定程度上消除了现代人对戏曲的陌生感，使非戏曲爱好者能够在现代娱乐和审美判断的基础上，逐步理解戏曲。此外，信息的共享促进了戏剧热点话题的出现，戏曲热点话题将引导更多的人关注戏剧。

3. 即时通信软件传播

即时通信软件以其用户群大、信息覆盖面广、人脉广等特点，在移动终端的信息传播中迅速占据了领先位置。借助相关平台进行戏曲传播已成为当前的必然趋势。目前，在这类平台上传播戏剧有三种方式。

（1）公众信息服务平台传播

目前有的即时通信软件中有提供公众信息服务。传播是大众传播中人际传播的整合，弥补了传统大众传播中受众未知的缺陷。传播者通过用户简介准确定位受众群体并发送群体所需的信息。戏迷可以通过搜索与戏曲相关的关键词，如"戏曲""戏曲艺术家"等，直接对戏曲信息进行搜索。

官方账号以文章的形式推送到用户手中。订户可以充分了解戏曲某一方面的内容。

（2）朋友圈传播

借助朋友圈平台，依托这两个特点，依托熟人转发等应用功能，形成朋友圈中戏曲的氛围来传播戏曲文化。真实性来自朋友圈中的熟人。熟人是指具有相似的教育背景、相似的兴趣爱好、相互之间有真实信息的一群人。由于真实性的存在，借助朋友圈进行戏剧传播具有区别于其他社交媒体的特点。朋友圈粉丝发布的内容也正是基于此功能。当粉丝们在朋友圈里发布信息时，他们会首先考虑个人在朋友圈中的形象。发布信息的内容必须从个人层面进行研究，以确保其真实性。其次，熟人通常生活在一个城市，戏迷在网上发布的戏曲表演等内容的受众对象更加明确。真实性拉近了粉丝之间的距离，使得这个虚拟网络社区的互动更加激烈，从而形成了熟人与现实的互动关系。

（3）群聊天传播

群聊天是基于某些方面的共同特点而建立起来的具有较强链接关系的网络虚拟社区，它是由工作关系或利益等制约因素构成的。我们将讨论两种与戏曲相关的群聊天。一是戏曲爱好形成的群聊天。群体中的每一个戏迷都有很强的联系关系，因为他们有共同的爱好，更容易就戏曲的某一方面达成共识，促进其传播。同时，群聊天也是一个熟人社会。通过群聊天，可以更好地组织戏曲相关的线上线下活动，粉丝可以准确地分享信息；二是与戏曲相关的群体，如文化、教育等。这种类型的群体不以戏曲为中心，但总有戏曲迷。这种群聊天虽然不能直接传播戏曲的概念，但由于其共同的文化教育背景，可以帮助戏曲文化向更广泛的受众传播，发挥潜在的发掘受众的作用，也是拓展戏曲传播渠道的一种方式。目前，群聊天的应用功能越来越便捷。原创内容、小视频等应用链接的共享，群聊天更加多元化。群聊天已经成为现代人社会交往的基本方式。最好利用这个平台加强线上线下的互动，扩大受众群体。

（4）内容制作传播

内容制作主要包括表情包和小视频，小视频是基于即时通信平台提供的功能开发的内容产品。比如，可以推出戏曲表情包供用户下载，戏迷们如果很喜欢，会分享给自己的其他好友，普通微信用户聊天时也会经常用这个表情包来表达自己的感受。表情包虽然不能直接传播戏曲信息，但它能促进具有现代人趣味和审美特征的戏曲文化的传播。小视频是个人通过聊天界面或朋友圈拍摄发布的视频记录。戏迷在观看戏曲表演或表演戏曲活动时，可以通过拍摄小视频来表达戏曲的内容，用最短的方式表达最精彩的内容。

总之，在当今的移动互联网时代，我们应该要去顺应文化传播模式和时代的发展方向，将手机硬件和应用软件充分利用起来，通过APP、社交平台、即时通信软件等途径对戏曲文化进行传播，为戏曲艺术的发展提供更多的机会。同时，我们应该对移动互联网时代中层出不穷的新型技术与传播手段有所了解，让戏曲的传播和戏曲艺术的发展能够始终跟上时代的步伐。

参考文献

[1] 韩晓燕. 新媒体环境下优秀传统文化传播机制研究 [M]. 北京：经济日报出版社，2019.01.

[2] 王坤. 中国传统文化元素与艺术设计实践研究 [M]. 长春：吉林人民出版社，2019.11.

[3] 王巍，刘正宏，孙磊. 数字造型基础"非遗"数字化应用 [M]. 北京：中国轻工业出版社，2016.05.

[4] 郑轶. MR 数字化可视艺术与文物保护 [M]. 北京：文化艺术出版社，2017.06.

[5] 伍韬. 当代传统文化与素质教育研究 [M]. 北京: 北京工业大学出版社，2023.04.

[6] 张岂之. 中国传统文化 [M]. 北京：高等教育出版社，2023.03.

[7] 孟庆国. 中国传统文化选粹 [M]. 长春：吉林教育出版社，2023.02.

[8] 王旋. 视觉传达设计中传统文化元素的运用与创新 [M]. 北京：中国商业出版社，2023.02.

[9] 袁荣高，张波，欧銎. 中国传统文化教育 [M]. 成都：电子科技大学出版社，2019.05.

[10] 姬喆,蔡启芬,张晓宁.中国传统文化元素与艺术设计实践[M].长春:吉林文史出版社,2021.05.

[11] 姬相轩,张雪.传统文化数字化的三段论[J].现代视听,2009（2）.

[12] 刘向春,宋伟.大数据条件下民族传统文化数字化保护研究探析[J].中央民族大学学报：自然科学版,2016（3）.

[13] 郑向阳.新媒体语境下传统文化数字化演绎与传承[J].中国报业,2016（18）.

[14] 高卫华,贾梦梦.传统文化数字化传播有待解决的几个问题[J].当代传播,2016（2）.

[15] 周建新.中华优秀传统文化数字化：逻辑进路与实践创新[J].理论月刊,2022（10）：82-88.

[16] 宗少鸽,刘子建.丝绸之路沿线传统文化数字化发展路径探析——以敦煌"数字供养人"计划为例[J].出版广角,2019（23）.

[17] 肖锟,卢玉.基于大数据的民族传统文化数字化保护分析[J].信息通信,2019（5）.

[18] 许映翔.传统文化数字化发展对动画影视产业的影响[J].赤子,2017,（027）.

[19] 杨竹音.浅析传统文化作品的数字化[J].视界观,2021,000（015）：P.1-1.

[20] 李宏涛,蒋大勋.大数据下民族传统文化数字化保护的相关探讨[J].2020.

[21] 朱雨寒，蒋旭峰. 传统文化的数字化创新与数字化传播策略 [C]. 2023.06.

[22] 赵治. 微拍堂：传统文化行业数字化转型破风者 [J]. 2023.06.

[23] 梅兵. 提炼和弘扬教育家精神 推动传统文化数字化传播 [J]. 上海人大月刊，2023（4）：1.

[24] 邵瑞. 以传统文化数字化转型拓展干部政德教育路径研究 [J]. 菏泽学院学报，2022，44（6）：5.

[25] 周建新. 中华优秀传统文化数字化：逻辑进路与实践创新 [J]. 理论月刊. 2022(10).

[26] 韩泉叶，张耀民. 中华优秀传统文化数字化与框架体系探索 [J]. 陕西开放大学学报，2023，25（1）：9.

[27] 伍戈. 探讨新媒体时代传统文化数字化传播 [J]. 中国报业，2021（17）：2.